KB266903

보이는 ─── 것이
돈이 ─── 된다

윤혜경 지음

보이는 ——— 것이
돈이 ——— 된다

부를 부르는 리더의 공식

존재감을 확장하는 퍼스널 브랜딩 플랜

행성B

보이는 것이 자산이 되는 시대의 성공 공식

과거에는 실력과 노력만으로도 성공할 수 있었다. 하지만 지금의 시장은 다르다. 세상은 먼저 '보이는 것'을 믿고, 그 믿음을 자산으로 환산한다. 누군가는 같은 일을 해도 더 많은 기회를 얻고, 누군가는 같은 능력을 가졌음에도 더 빠르게 선택받으며 더 큰 부를 창출한다. 그 차이는 운이나 실력의 문제가 아니다. '보이는 나'를 어떻게 설계하느냐의 문제다.

숏폼과 인스타그램, 링크드인, 유튜브가 일상이 된 지금, 사람들은 당신의 말보다 먼저 당신의 이미지, 태도, 스타일, 콘텐츠의 분위기를 읽는다. 즉 '보이는 나'를 먼저 판단한다. 이제 이미지는 단순히 외적 치장이 아니다. 가능성을 가늠하는 지표이자 선택의 기준이며, 수익의 방향을 결정하는 경제적 신호가 된다.

주위를 돌아보라. 성공한 기업가, 창업자, 리더, 인플루언서들은 자신의 '보이는 자산'을 관리하고 지휘하며 시장의 흐름을 바꾸고 있다.

우리는 그 장면을 매일 목격한다.

왜 어떤 사람은 말 한마디로 사람을 움직이는가?
왜 어떤 사람은 존재감만으로 기회와 돈을 끌어당기는가?
왜 성공하는 사람들은 '보이는 것'에 철저하게 투자하는가?

정답은 단순하다. 사람들은 보이는 대로 믿고, 그 믿음이 곧 경제적 가치로 연결되기 때문이다. 오늘날 성공은 '보이지 않는 실력'만으로는 완성되지 않는다. 당신의 태도, 시선 처리, 말투, 걸음걸이, 스타일, 행동의 디테일 등 이 모든 '보이는 신호'가 신뢰를 만든다. 신뢰는 기회를 부르며, 기회는 곧 부의 흐름을 바꾸는 자산이 된다. 이제 필요한 것은 보여지는 방식이다. 능력만으로는 부족하다. 당신이 '어떻게 보이는지'가 당신의 부를 결정하는 것이다.

이 책은 바로 그 답을 체계적으로 설명한다. '보이는 것이 자산이 되는 시대'의 생존법, 즉 당신의 존재감을 설계하는 방법과 그 존재감을 어떻게 경제적 가치로 전환하고 돈의 흐름을 바꿀 것인지에 대한 실전 매뉴얼을 제공한다.

눈에 띄는 사람들은 무엇이 다른가?

존재감 있는 사람이 부를 끌어당기는 원리는 무엇인가?

첫인상, 태도, 말, 행동 하나하나가 경제적 가치로 연결되는 구조는 어떻게 만들어지는가?

영향력이 시장의 흐름을 결정하는 이유는 무엇인가?

결국, 지속 가능한 부를 만드는 사람들의 공통 공식은 무엇인가?

위의 질문은 이 책이 독자에게 전달하려는 핵심 내용과 연결되어 있다. 지금 당신은 어떤 사람으로 기억되고 있는가? 그리고 당신의 이름은 기회를 불러오는 구조를 가지고 있는가?

만약 당신이 부富의 흐름을 바꾸고 더 큰 영향력을 구축하고 싶다면 이 책을 펼칠 이유가 충분하다.

보이는 것이 자산이 되는 시대, 이 공식을 아는 사람이 선택받는다. 그리고 선택받은 사람이 빠르게 시장을 움직인다. 그러므로 '보이는 힘'으로 나를 브랜딩하는 공식을 익혀라. 세상이 당신을 보는 방식이 바뀌는 순간, 당신의 기회와 경제적 성공도 열리기 시작할 것이다.

이제 이름을 자산으로 만드는 여정이 시작된다.

부를 부르는 공식, 지금 시작하라.

CONTENTS

Part 4

영 향 력 을 자 산 으 로
바 꾸 는 법

12 영향력 극대화의 공식

13 브랜드 파워 만들기

14 브랜드를 유산으로 남겨라

PART · 1

돈의 흐름을 바꾸는 사람은 무엇이 다른가?

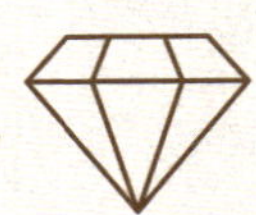

부의 초석은 영향력이다

단순히 실력만으로 승부를 내던 시대는 끝났다. 엇비슷한 능력을 지녔더라도 누군가는 끊임없이 기회를 끌어당기고 큰 부를 창출한다. 그리고 누군가는 제자리에 머문다. 그 차이를 가르는 결정적 힘, 그것은 바로 '보이는 영향력'이다. 이는 단순히 멋지게 연출된 이미지를 뜻하지 않는다. 태도와 에너지, 존재감과 평판이 하나로 어우러진 총체적 자산을 의미한다. ●

태도, 에너지,
존재감으로 빚어내는
'보이지 않는 자산'

세계적 리더들이 공통으로 강조하는 키워드가 있다. 바로 '진정성authenticity'이다. 엔비디아 CEO 젠슨 황Jensen Huang의 말 한마디가 시장을 흔들고, TED 강연 사상 가장 높은 조회 수를 기록한 작가 브레네 브라운Brené Brown이 전 세계 청중을 매료시킬 수 있었던 배경에는 내면에서 우러나오는 신뢰와 진정성이 있다. 그렇다면 대중은 한 사람의 진정성을 어떻게 인식할 수 있을까? 여기에는 말의 내용뿐만 아니라 말투, 눈빛, 외모, 옷차림 등 다양한 요소들이 작용한다. 그중에서도 '보이는 것'의 영향력이 갈수록 커지고 있는 것이 현실이다.

행동경제학 관점에서도 인간은 어떠한 결정을 내리는 데 있어 90% 이상이 비합리적 직관에 의해 이루어진다고 말한다. 외모는 물론 보이는 태도와 미묘한 제스처를 통해 상대를 판단한다는 것이다. 요즘 같은 디지털 시대에는 '보이는 것'이 더욱 중요하게 되었다. SNS 프로필 사진 한 장, 짧은 영상 속 눈빛 하나가 수십만 명에게 즉시 각인된다. 결국 '보이는 것'은 단순한 외적 포장을 넘어 당신의 신뢰 자산이자 부의 흐름을 결정하는 막강한 기준이 되었다.

좋은 이미지를 가진 사람은 서두르지 않는다. 굳이 자기를 증명할 필요가 없기 때문이다. 그들은 절제된 언어와 품격 있는 태도로 공간을 지배한다. 대중은 이러한 모습에서 신뢰감을 느끼며, 신뢰를 얻은 사람은 그 자체가 하나의 브랜드로 인식된다. 당신이 보여주는 것, 즉 당신이 평소에 어떤 자세로 앉는지, 어떤 말투로 사람을 대하는지, 어떤 사람들과 교류하는지가 당신의 경제적 미래를 결정짓는다는 뜻이다.

성공하는 사람에게서 우리가 볼 수 있는 것은 꾸며진 자아상이 아니다. 그들은 자신의 내면에 자리한 가치관과 철학을 자연스럽게 외부로 드러낸다. 그 진정성이 사람을 매료시키고 결국, 부를 끌어당긴다.

'보이는 영향력'은 사람의 내면에 있다. 우리는 그 사실을 잘 알고 있다. 대중이 과장된 화려함보다 '브랜드 철학'과 '리더의 진정성'에 더 깊게 반응하는 이유다. 결국 돈의 흐름을 바꾸는 진짜 힘은 '자기 안의 확신'에 있으며 이는 꾸며진 외양이 아닌 내부에서 나온다.

당신의 영향력, 당신이 사람들에게 남기는 첫인상, 공간을 채우는 에너지, 그리고 당신이 발산하는 무형의 가치가 바로 부의 방향을 결정한다. 그러니 지금, 내면의 거울을 들여다보며 자문하라. 나는 무엇을 보여줄 것인가? 또한 사람들이 나를 어떤 사람으로 기억하게 할 것인가?

지금 내가 설계하는 영향력, 그것이야말로 가장 확실한 미래 투자다.

돈이 따르는 사람,
돈과
멀어지는 사람

돈이 따르는 사람은 결코 치장이나 과장을 하지 않는다. 차분하고 절제된 태도로 공간을 장악하며, 조용히 자신을 증명한다. 우리는 이런 사람에게 자연스럽게 끌린다. 그 이유는 단순하다. 그들의 내면과 외면이 일치하기 때문이다. 철학과 가치관이 말과 행동, 스타일과 표정 속에 녹아 있는 사람은 믿음이 간다. 대화가 즐겁고 함께하고 싶고 닮고 싶다. 이런 사람들 주변에는 수많은 사람이 모이기 마련이다. 그렇게 '신뢰'라는 인간적 자산이 형성된다.

반대로, 돈과 기회가 멀어지는 사람은 자신을 보여주기 위해 지나치게 애쓴다. 과도한 자기 홍보, 과장된 말투, 불필요한 네트워킹…, 이런 노력은 순간의 이목을 끌 수는 있지만, 결국 원하는 것을 얻지 못한다. 사람들은 잠깐 호기심은 느낄지 모르지만 시간이 지날수록 신뢰보다 불신이 남는다. 사람들은 합리적 판단보다 감정에 의해 결정하고, 논리보다 직관에 더 크게 반응하기 때문이다.

특히 인간관계에서는 '옳다'는 판단보다 '호감이 간다'는 감정이 먼저 작동한다. 실제로 우리가 어떤 사람을 처음 만나서 대화할 때 상대의 표정, 손짓, 말투 같은 비언어적 요소를 통해 진정성을 감지한다. 이 사람을 믿을 수 있는지, 지금 내게 거짓말을 하고 있지는 않은지 등을 말의 내용만으로 판단할 수 없기 때문이다. 돈이 따르는 사람은 이 점을 잘 이해하고 있다. 그래서 불필요한 설명 대신 '존재감'을 통해 소통한다. 내면과 외면의 조화를 통해 한결같은 자기상을 만들고 상대에게 깊은 인상을 남긴다.

돈이 따르는 사람들은 절제된 언어와 정돈된 스타일을 선택한다. 단순함 속에 품격을 담고, 과하지 않은 디테일로 신뢰감을 준다. 이들은 자신을 굳이 설명하지 않아도 존재 그 자체로 하나의 기준이 된다. 반대로 돈과 기회가 멀어지는 사람은 스스로 가치를 강조하려고 애쓴다. 그러나 그럴수록 드러나는 것은 확신이 아니라 불안과 결핍이다. 결국 차이는 '얼마나 말하느냐'가 아니라 어떤 기억으로 남느냐에 있다.

성공하는 사람들은 공통적으로 말한다. "브랜드는 보이는 것, 즉 외양으로부터 시작해 보이지 않는 것, 다시 말해 타인의 기억 으로 완성된다." 돈이 따르는 사람은 그 기억을 '신뢰'로 채우고, 그렇지 않은 사람은 '불안'으로 채운다. 그렇다면 나는 어떠한 가? 지금 이 순간, 나는 사람들에게 어떤 기억을 남기고 있을까?

영향력이
부를
끌어당긴다

'영향력'은 단순한 사회적 능력이 아니라, 부를 끌어당기는 핵심 자산이다. 영향력을 갖춘 사람은 타인의 선택을 유도한다. 이를 통해 시장에서 유력한 지위를 차지하고 부를 일궈나간다. 사람들은 영향력 있는 사람의 행동을 따라 하기를 좋아한다. 그의 선택을 지지하고 같은 소비를 추구하며 가치관을 공유한다. 이러한 점에서 한 사람의 영향력이야말로 보이지 않는 심리적 설득의 도구이자, 부의 흐름을 바꾸는 요인이라고 할 수 있다.

영향력 높은 사람은 그저 말이나 행동이 돋보이는 사람이 아니다. 그들은 인간적 자산, 즉 신뢰와 기대, 감정적 연대감이라는 무기를 지닌 사람이다. 행동경제학에서 말하는 '인지 편향'

과 '사회적 증거' 원칙은 이를 잘 설명해준다. 인지 편향cognitive bias은 충분한 정보를 검토하기보다 자기 선호를 통해 판단하는 경향, 즉 '내가 믿고 싶은 정보'에 기대어 선택하는 것을 말한다. 또한 '사회적 증거social proof'란 다른 사람의 판단에 동조하는 경향이다.

예를 들어 대부분의 사람은 상품이나 서비스를 선택할 때 객관적인 효용이나 스펙보다 '누가 선택했고, 누가 추천했는가'를 더 중요하게 여긴다. 스스로 충분한 정보를 검증하는 대신 믿을 만한 사람의 판단을 따른다는 뜻이다.

이 지점에서 영향력은 힘을 갖는다. 신뢰받는 사람의 선택은 곧 다른 사람의 선택 기준이 되고, 그 신뢰는 반복될수록 자산처럼 축적된다. 이 메커니즘이 영향력이 부를 끌어당기는 구조다.

테슬라 CEO 일론 머스크Elon Musk가 대표적 사례다. 그는 온라인 결제 서비스 페이팔PayPal을 성공시켰다. 이후 전기자동차로 유명한 테슬라에 투자하고 민간 항공우주 기업인 스페이스X를 설립하는 등 혁신과 모험의 아이콘으로 자리 잡았다. 오늘날 그는 말 한마디, 게시물 하나로 시장의 기대와 선택을 움직이며 수십억 달러의 자본 흐름에 영향을 미친다. 중요한 점은 사람들이 그의 발언을 단순한 의견이 아니라 '판단의 기준'으로 받아들인다는 사실이다. 이는 행동경제학에서 말하는 인지 편향과 사회적 증거가 동시에 작동하는 순간이다. 사람들은 모든 정보를 직접 검증하기보다, 이미 신뢰가 축적된 인물의 선택과 전망을 의사결정의 지름길로 삼는다. 머스크의 말과 행동은 투자자와 소비자에게 "이 방향이 맞다"는 신호로 해석된다.

이러한 영향력은 전통적인 광고나 단기 마케팅으로는 만들어 낼 수 없다. 오랜 시간 축적된 개인 브랜딩, 일관된 철학과 행동, 그리고 실패와 성공을 함께 통과한 서사가 신뢰라는 자산으로 전환된 결과다. 바로 이 지점에서 영향력은 단순한 인지도를 넘어 부를 끌어당기는 힘으로 작동하게 되는 것이다.

또 다른 예로 미국 방송인 오프라 윈프리Oprah Winfrey를 들 수 있다. 가난한 환경에서 태어난 그녀는 토크쇼 진행자가 되면서 유명해졌다. 이후 각종 상을 휩쓸면서 20세기 최고의 아프리카계 미국인 부자이자 세계에서 가장 영향력 있는 여성으로 꼽혔다. 그녀는 자신의 라이프 스토리와 진정성으로 전 세계인의 마음을 사로잡았다.

그녀의 영향력은 단지 미디어 파워의 산물이 아니었다. 사람들에게 자신의 삶과 상처를 진정성 있게 드러내며, '나도 할 수 있다'는 정서적 공감을 불러일으킴으로써 형성되었다. 그녀의 방송을 접한 사람들은 그녀의 이야기를 들으며 함께 울고 웃었다. 그러면서 신뢰와 유대감을 형성했다. 그 결과, 오프라는 감정적 신뢰를 기반으로 한 강력한 팬덤과 네트워크 자산을 기반으로 경제적 성공을 이뤄냈다.

이처럼 '영향력'은 경제적 가치로 환산된다. 사회적 증거와 모방 심리는 타인의 선택과 방식을 참고해 결정을 내리는 방식을 잘 설명해준다. 영향력 높은 사람은 이 흐름을 조작하지 않는다. 이미 축적된 신뢰를 통해 자연스럽게 선택의 기준이 된다. 그리고 그 기준이 반복될수록 부는 그를 중심으로 움직인다.

영향력은 한순간에 완성되지 않는다. 신뢰 구축, 일관된 태도, 지속적인 메시지, 그리고 '말보다 행동'을 강조하는 철학이 쌓여야 한다. 사람들은 일관성과 진정성에서 자신들이 따를 리더를 감지하고, 이는 곧 지갑을 여는 행동으로 이어진다.

행동경제학 연구에 따르면, 사람들은 '정보의 진실성'보다 그 정보를 전하는 '사람의 신뢰도'를 더 중요하게 생각한다. 같은 정보라도 누가 말하느냐에 따라 그 가치가 달라진다는 뜻이다. 따라서 당신이 영향력을 통해 부를 끌어당기고 싶다면, 신뢰 자산을 강화하고, 자신의 말과 행동이 사람들에게 어떤 이미지로 인식되는지 모니터링하면서 이를 철저히 관리해야 한다.

영향력은 준비된 자에게만 찾아오는 인간적 자산이며, 내면의 진정성과 일관된 행동에서 비롯된다. 오늘부터 자신의 가치

기준을 다지고, 평판을 점검하며, 진정성 있는 네트워크를 확장
하라. 이 모든 과정은 결국 당신의 부와 기회를 견인하는 강력한
자산이 될 것이다.

영향력 자가 진단과 실행 전략

채점 방식

각 문항에 대해 자신이 해당된다고 느끼는 정도를 다음 기준으로
점수화해보자.

점수 기준

- 10점 매우 그렇다(항상 그렇게 행동한다)
- 8점 대체로 그렇다(자주 그렇게 한다)
- 6점 보통이다(상황에 따라 다르다)
- 4점 거의 그렇지 않다
- 2점 전혀 그렇지 않다

총 12문항 × 10점 만점 = 최고점 120점

	내 영향력 점검표
1	사람들은 중요한 결정이나 위기 상황에서, 나의 판단을 신뢰하는 편인가?
2	나는 상황이 달라져도 핵심 가치와 태도를 일관되게 유지하는가?
3	나는 위기 상황을 차분하고 품격 있게 대처하는가?
4	나는 타인의 감정과 상황에 공감하며 소통하는가?
5	나는 내 철학과 가치를 명확히 표현할 수 있는가?

6	사람들이 나에게 기대하는 이미지가 실제 나의 행동으로 증명되고 있는가?
7	나는 불필요한 과시보다 진정성을 우선하는가?
8	나는 다른 사람들에게 긍정적인 영향을 미치는 태도를 유지하는가?
9	나는 네트워크 내에서 중심 역할을 하고 있는가?
10	나는 최근 1~2년 사이, 평판이나 소개를 통해 실제 기회로 연결된 경험이 있었는가?
11	나는 타인의 평가와 피드백을 열린 마음으로 수용하는가?
12	나는 장기적인 관계를 위해 신뢰와 평판을 지속적으로 관리하는가?

점수별 결과 해석 및 행동 가이드

100점 이상(평균 8점 이상)

탁월한 영향력자형　이미 높은 수준의 영향력 자산을 보유하고 있다. 지금의 태도와 기준을 유지하면서 영향력 확장에 집중해 나가야 한다. 스스로의 철학을 콘텐츠화하거나, 후배·팀원에게 영향을 미치는 '리더십 루틴'을 구축하면 좋다.

80~99점

성장형 영향력자형　좋은 기반을 가지고 있으나, 세부적으로 보완할 부분이 있다. 특히 일관성·신뢰·감정 소통 중 어느 영역이 약한지 파악해보자. 피드백을 수용하고, 약점을 보완하는 자기 PR 전략을 수립하는 것이 다음 단계다.

79점 이하

잠재적 영향력 개발형　영향력 자산을 적극적으로 개발해야 할 시점이다. 우선 '진정성 있는 소통'과 '일관된 태도'를 중심으로 한 루틴형 행동 계획을 세워보자. 매일의 말·표정·피드백 관리부터 시작하면, 신뢰 자산은 빠르게 성장한다.

실행 전략: 영향력을 자산으로 만드는 3단계 루틴
1단계: 나만의 가치 기준 확립

• 나의 핵심 가치와 철학을 문서화하고 주기적으로 점검하기.
• 중요한 선택과 의사 결정 시 가치 기준에 부합하는지 확인하기.

2단계: 평판을 점검하는 루틴

• 매년 최소 한 번, 가까운 동료나 지인에게 솔직한 피드백 요청하기.
• 피드백 중 부족한 점을 구체적인 행동 목표로 설정하고 개선하기.

3단계: 네트워크 확장 전략

• 가치와 비전을 공유하는 커뮤니티나 멘토 그룹에 참여하기.
• 깊이 있는 대화와 협업을 통해 신뢰 기반의 관계 강화하기.
• 새로운 사람에게 나를 소개할 때, 한 문장으로 나의 철학과 가치를 전달
  하는 연습하기.

존재감이 성패를 좌우한다

존재감은 주변 사람들에게 강렬한 인상을 남기고 경제적 신뢰를 쌓는 본질적 자산이다. 이는 성공을 좌우하는 중요한 자산이기도 하다. 사람들은 의사 결정을 할 때 사실상 단순한 '정보'가 아니라, 그 사람의 존재감에서 느껴지는 신뢰와 철학을 기준 삼는다. 대중은 선망하는 사람, 믿을 만한 사람의 견해를 따른다. 그런 사람은 남다른 존재감을 발휘한다. 이를 구축하는 데 자기만의 철학은 필수다.

미국 기업인 하워드 슐츠Howard Schultz는 스타벅스를 평범한 커피숍을 넘어서는 '제3의 공간'으로 만들겠다는 철학을 기반으로 브랜드를 성장시켰다. 그 과정에서 강력한 존재감을 구축했으며 이는 구체적인 비전과 직원에 대한 신뢰에서 나왔다. 하워드 슐츠는 중요한 의사 결정을 내릴 때 늘 '사람'을 중심에 두었다. 가맹점 수익보다 직원 복지를 먼저 고려하고, 소비자 경험이라는 본질에 집중했다. 이러한 철학과 태도는 전 세계 소비자들에게 스타벅스라는 브랜드에 대한 신뢰와 애착을 심어주었고, 그 결과는 막대한 부로 이어졌다.

'투자의 귀재'로 불리는 워런 버핏Warren Buffett 역시 특별한 존재감을 갖고 있다. 이는 수익률 수치에서 나오지 않는다. 일관된 가치관이야말로 사람들이 그를 따르는 본질적인 이유다. 그는 몇 가지 원칙에 따라 의사 결정을 한다. '내가 이해할 수 있는 사업인가' '윤리적으로 올바른가' '장기적으로 성장 가능한가'를 철저히 따진다. 이런 태도는 투자자뿐만 아니라 세계적 기업 리더들에게도 깊은 영향을 미쳤다. 워런 버핏의 존재감은 조용하지만 강력하며, 시장에서 흔들리지 않는 신뢰를 만들어냈다.

영국의 다국적 기업 버진그룹의 창업자인 리처드 브랜슨Richard Branson은 자신만의 독특한 브랜드 철학을 구축한 것으로 유명하다. 그는 의사 결정을 내릴 때 '즐거움'과 '혁신'을 최우선에 둔다. 그의 존재감은 자유분방하면서도 동시에 사람과 경험을 존중하는 태도에서 나온다. 이런 존재감 덕분에 전 세계 투자자와 소비자는 브랜슨을 단순한 사업가가 아닌 '혁신의 아이콘'으로 인식한다. 이 인식은 곧 막대한 투자와 글로벌 브랜드 파트너십으로 연결된다.

이들의 공통점은 한결같다. 의사 결정 기준이 항상 사람과 철학을 향한다. 그들은 단기 이익보다 장기 신뢰를, 눈에 보이는 화려함보다 내면의 가치와 일관성을 선택했다. 이러한 존재감은 단순히 카리스마나 리더십을 넘어, 시장과 사람들의 마음을 움직이는 힘이 되었다.

존재감은 단숨에 만들어지지 않는다. 일상의 작은 선택, 타인을 대하는 태도, 위기 대응 방식 등이 한데 모였을 때 형성된다. 그리고 그 존재감이 결국 부의 흐름을 결정한다. 지금, 당신이 사람들에게 어떤 존재감으로 기억되고 있는지를 자문해보라. 그리고 오늘부터라도 그 존재감을 정교하게 다듬어라. 작은 태도 하나, 한마디 말, 사소한 선택 하나에도 주의를 기울이자. 그 순간부터 당신의 삶은 부와 기회가 기다리는 쪽으로 이동하기 시작할 것이다.

경제적 성공을
부르는
보이지 않는 자산

성공한 사람들이 공통으로 가지는 보이지 않는 자산은 무엇인가? 이 자산은 어디에서 오는가? 부의 흐름이 시작되는 지점, 즉 영향력이 작동하는 순간은 단순한 '이미지 메이킹'을 훌쩍 넘어선다. 우리는 자신감 있는 태도와 신뢰감 넘치는 행동으로 사람과 기회를 끌어당기는 이들을 수없이 목격한다. 이들에게 인간적 매력은 감각의 문제가 아니라, 하나의 자본이자 부를 창출하는 원동력이다.

부를 일구는 보이지 않는 자산은 크게 네 가지로 나눌 수 있다. 매력, 신뢰, 품격, 카리스마. 이 네 가지는 분리된 요소가 아니라, 서로 맞물려 경제적 신뢰를 형성하는 하나의 구조다.

매력은 관계를 열어주는 첫 번째 자산으로 사람을 자연스럽게 끌어당기는 자기장과 같다. 그 힘은 외모나 화려한 옷차림이 아니라, 내면의 자신감과 에너지에서 나온다. 매력 넘치는 사람은 공간의 공기를 바꾸고, 사람들의 경계를 낮추며, 관계의 출발선을 유리하게 만든다. 이 관계 자산이 반복될수록 기회는 선택이 아니라 확률이 된다.

신뢰는 보이지 않는 통화通貨이며, 모든 경제 활동의 근간이다. 신뢰는 하루아침에 쌓이지 않는다. 말과 행동의 일관성, 약속을 지키는 태도, 실패 이후의 복원력에서 생긴다. 아마존닷컴의 설립자 제프 베이조스Jeff Bezos는 "고객의 신뢰를 얻는 데는 오랜 시간이 걸리지만, 잃는 건 단 한 번의 실수로 충분하다"고 강조했다. 실제로 신뢰를 기반으로 한 브랜드는 위기 속에서도 흔들리지 않으며, 장기적인 부의 축적을 가능케 한다.

품격은 선택과 태도에서 드러난다. 이들은 눈앞의 이익보다 장기적인 신뢰를 택하는 태도, 과시보다 절제를 선택하는 기준이 상대에게 존경심을 심어준다. 샤넬, 에르메스 같은 글로벌 브랜드가 오랜 시간 사랑받는 이유도 여기에 있다. 이들은 단기적인 유행보다 철학과 기준을 선택했고, 그 축적된 태도가 브랜드의 품격이 되었다.

사람도 마찬가지다. 반복된 선택과 태도는 어느 순간 그 사람의 '기준'으로 인식되고, 그 기준은 곧 개인의 품격이 된다. 이러한 품격은 개인 브랜딩에서도 동일하게 작동한다.

카리스마는 공간을 지배하는 힘이다. 카리스마 있는 사람은 말 없이도 사람들의 시선을 집중시키며, 감정과 사고를 움직인다. 이 힘은 소리의 크기나 과장된 표현에서 나오지 않는다. 오히려 흔들리지 않는 태도와 절제된 침묵에서 더 또렷하게 드러난다. 예를 들어, 스티브 잡스는 무대에서 보여주는 단순한 제스처와 간결한 메시지만으로 수천 명의 청중을 매료시켰다. 그의 카리스마는 일시적 주목이 아니라 신뢰와 기대를 만들어냈고, 결국 애플의 주가와 브랜드 가치 상승으로 연결되었다. 이는 타고난 기질이 아니라 경험과 수련으로 다듬어진 결과였다.

이 네 가지 자산은 유기적으로 연결되어 경제적 신뢰를 형성하고, 지속 가능한 부의 흐름을 만들어낸다. 단기적 유행이나 인위적 꾸밈으로는 이 자산을 구축할 수 없다. 매일의 루틴, 작은 선택, 순간의 태도에서 서서히 축적된다. 사람들은 이런 보이지 않는 자산을 알아챈다. 의식적으로는 설명하지 못한다 해도, 본능적으로 감지하고 그 힘에 반응한다. 부자들은 이러한 사실을 잘 알고 있다. 그래서 옷차림 하나, 시선 처리 하나에도 일관성과 고유의 태도를 담으려고 애쓴다.

보이지 않는 자산은 직접적으로 전달되지 않는다. 대신 비언어적 메시지를 통해 강력하게 작용한다. 목소리의 톤, 걸음걸이의 리듬, 공간을 대하는 태도는 말보다 더 큰 울림을 준다. 이를 인식하지 못하는 사람은 성공에서 멀어질 수밖에 없다. 순간의 화려함, 겉치레나 말에 집착하다가는 신뢰를 잃고 기회를 놓치기 쉽다. 내면과 외면의 정렬, 일관된 가치관과 행동이 장기적인 자산을 형성한다는 점을 잊지 말아야 한다.

오늘날 경제적 성공은 재능과 노력만으로 이루어지지 않는다. 그 사람이 풍기는 분위기, 내면과 일치하는 외형적 고유함 등 오랜 노력 끝에 구축된 '보이지 않는 자산'이 있을 때 비로소 완성된다. 사람들은 당신이 진정한 매력과 품격을 갖춘 사람인지, 겉치레뿐인지 금세 알아챈다. 그리고 자신이 본받고 싶은 이를 위해 기꺼이 마음을 열고 지갑을 연다.

결국, 이들 '보이지 않는 자산'이야말로 지속 가능한 부를 일구게 하는 핵심 요인이다. 당신이 일상에서 매력, 신뢰, 품격, 카리스마를 키우는 습관을 선택할 때, 변화는 가능하다. 우선 다음 목록을 통해 당신의 상태를 확인하자. 이를 통해 당신의 보이지 않는 자산을 점검하고, 오늘부터 행동으로 옮기도록 하자.

나의 '보이지 않는 자산'은 얼마나 될까?

자가 진단 리스트		
매력		
1	나는 사람들에게 긍정적인 첫인상을 준다.	1~5점
2	나는 자주 미소를 지으며 긍정적인 에너지를 발산한다.	1~5점
3	내 주변 사람들은 나와 함께 있을 때 편안함을 느낀다.	1~5점
4	나는 상대방의 이야기에 진심으로 귀 기울인다.	1~5점
5	나는 진정성을 바탕으로 감정을 표현한다.	1~5점
신뢰		
6	나는 약속을 반드시 지킨다.	1~5점
7	나는 핵심 가치와 태도를 흔들림 없이 유지한다.	1~5점
8	나는 비밀을 잘 지켜 신뢰를 쌓는다.	1~5점
9	나는 위기 상황에서도 책임을 다한다.	1~5점
10	나는 솔직하고 투명하게 소통한다.	1~5점
품격		
11	나는 불필요한 말을 줄이고 절제된 언어를 사용한다.	1~5점
12	나는 상대방을 존중하며 대화한다.	1~5점
13	나는 감정적으로 대응하지 않고 고요함을 유지한다.	1~5점
14	나는 타인의 의견을 경청하며 배려한다.	1~5점
15	나는 외적 스타일과 태도로 존경을 유도한다.	1~5점

카리스마		
16	나는 중요한 순간 침묵을 활용할 줄 안다.	1~5점
17	나는 시선과 제스처로 자신감을 전달한다.	1~5점
18	나는 자연스럽게 사람들을 이끄는 리더십을 발휘한다.	1~5점
19	나는 발표나 공개 석상에서 사람들을 집중시킨다.	1~5점
20	나는 공간을 장악하고 사람들의 감정을 움직인다.	1~5점

점수 해석

80점 이상

이미 보이지 않는 자산을 훌륭하게 구축했으며, 경제적 신뢰와 기회를 끌어들이는 단계에 있다.

60~79점

좋은 기반을 가지고 있으나, 특정 요소에서 더 세밀한 관리와 연습이 필요하다.

59점 이하

개선의 여지가 크다. 오늘부터 작은 루틴과 습관을 통해 자산을 키워나가야 한다.

실행 가이드

매력	매일 미소 연습, 감사 일기 작성, 긍정 언어 사용하기.
신뢰	작은 약속부터 반드시 지키기, 솔직한 피드백 실천.
품격	말수 줄이기, 명상과 감정 일기 작성, 타인 존중 훈련하기.
카리스마	발표 연습, 보디랭귀지 강화, 중요한 순간 침묵과 시선 활용하기.

1 돈의 흐름을 바꾸는 사람은 무엇이 다른가?

사람들은 보이는 대로 믿는다

사람들은 자신이 합리적으로 사고한다고 믿지만, 이는 사실과 다르다. 특히 대인 관계에서 작동하는 건 이성이 아닌 감성이다. 연구에 의하면 우리가 상대에게서 호감과 신뢰를 느끼는 데 걸리는 시간은 단 0.13초다. 그 찰나의 순간에 그 사람의 취향이나 성격, 더 나아가 경제적 능력 같은 특징까지도 유추하고 감지한다는 사실이 놀랍기만 하다. 게다가 이 직감적 판단은 우리의 기억에 각인되어, 이후 관계와 기회를 결정짓는 열쇠가 된다. 우리는 이를 '첫인상'이라 부른다. ●

첫인상의
경제학

첫인상의 힘은 실로 강력하다. 믿기 어렵겠지만 그것은 단순한 인상에 머물지 않고 '경제적 판단의 출발점'이 된다. 또한 첫인상은 외모나 복장에 국한되지 않는다. 목소리의 톤, 말투, 눈빛, 미소, 걸음걸이, 공간을 대하는 태도와 보디랭귀지 등을 포괄한다. 이 모든 비언어적 요소가 종합적으로 작용하며 한 사람의 이미지를 만든다.

상대방은 이를 통해 당신의 신뢰도, 자기 관리 수준, 경제적 잠재력을 직관적으로 평가하고 판단한다. 한 번 각인된 첫인상은 쉽게 바뀌지 않는다. 그 인상은 이후 관계와 기회를 좌우하며, 신뢰 자산이 되어 성공을 이끌거나 반대로 기회를 잃게 만든다.

오늘날 소비자와 투자자는 인터넷 검색 한 번으로 당신이 가진 보이지 않는 자산을 평가한다. 단 한 장의 사진, 한 줄의 소개 문구, 한 편의 짧은 릴스 영상이 협업 여부와 투자 가치를 결정짓는 신호로 작용한다. 디지털 첫인상이 경제적 가치를 결정하는 중요한 요인이 된 것이다. 이제 웹상의 이미지 관리는 단순한 마케팅 영역을 뛰어넘어 경제적 신뢰를 구축하는 전략적 브랜딩의 일부라고 할 수 있다.

첫인상을 자산으로 삼아 성공을 일군 대표적인 사례 중 하나가 최근 주목받는 글로벌 크리에이터 엠마 체임벌린Emma Chamberlain이다. 유튜브와 인스타그램을 통해 진정성 있고 자유분방한 이미지를 구축한 그녀는 Z세대와 밀레니얼 세대의 폭발적인 공감과 지지를 얻었다.

그녀는 화려함 대신 꾸미지 않은 자연스러운 모습과 솔직한 언행, 자기다움을 선택했으며 이렇게 구축한 디지털 첫인상은 체임벌린 커피 브랜드 론칭은 물론 글로벌 럭셔리 브랜드인 루이비통, 랄프로렌 등과의 협업으로 이어졌다. 결과적으로 그녀의 이미지는 수백억 원대의 경제적 가치를 창출하며 부의 흐름을 바꾸고 성공의 기반이 되었다.

또 다른 사례로 패션 디자이너 버질 아블로Virgil Abloh를 들 수 있다. 그 역시 SNS, 인터뷰, 공개 강연에서 창의성과 혁신을 강조하며 자기 이미지를 일관되게 관리했다. 그의 디지털 첫인상은 '혁신의 상징'이자 '경계를 넘는 창조자'였고, 이는 루이비통 남성 컬렉션 아티스틱 디렉터 임명과 나이키, 이케아, 모마MoMA 등 글로벌 브랜드와의 파격적 협업으로 연결되었다. 이로써 그의 존재감과 디지털 첫인상은 그 자체로 '경제적 부의 상징'이자 '문화적 투자 자산'이 되었다.

첫인상이 단순한 인상을 넘어 '브랜드'가 되는 순간 삶은 달라진다. 첫인상은 한 사람을 기억하게 하는 가장 강력한 신호다. 그리고 그 기억은 외모에 대한 평가가 아닌, '이 사람은 어떤 철학을 갖고 사는가' 하는 질문과 연결된다. 좋은 첫인상은 화려함과 눈에 잘 띄는 독특함에 있지 않다. '당신 내면의 철학이 외형과 태도를 통해 일관되게 전달되는가?'에 달렸다.

멋진 외형은 사람을 끌어모으지만, 내면과의 불일치는 신뢰를 무너뜨린다. 겉모습은 시대를 앞서가는데 이야기를 해보니 과거에 사로잡힌 사람이라면 누가 매력을 느끼겠는가? 반대로 외형과 내면이 정렬된 사람은 안정감과 신뢰감을 준다. 그런 사람이라면 오래 믿고 따를 만한 사람, 대중의 선택을 받는 존재로 자리매김할 가능성이 높다.

한 사람의 이미지는 우리의 기억에 남아 선택과 행동을 하는데 중요한 기준점이 된다. 좋은 첫인상은 하나의 브랜드이자 철학과 가치가 담긴 '경제적 자산'이다. SNS에 올린 한 장의 사진과 한 편의 영상, 오프라인에서 가진 한 번의 만남이 곧 나의 브랜드와 신뢰도를 결정하며, 이 모든 것이 곧 부와 기회를 끌어오는 강력한 요인이 된다.

따라서 성공을 추구하는 사람이라면 자기 이미지와 지향점을 살펴보아야 할 필요가 있다. 지금, 당신의 첫인상은 어떤 메시지를 전달하고 있는가? 그리고 그 메시지는 당신의 경제적 목표와 부합하는가? 이런 질문에 자신 있게 답할 수 있어야 한다. 사람들은 당신이 대답하지 않아도 당신을 판단하고, 설명하지 않아도 당신을 기억한다. 이미 그들의 마음속에는 당신에 대한 첫인상이 자리하고 있다. 바로 그 인상이 '당신은 신뢰할 만한가?' '당신에게 투자할 이유가 있는가?'를 결정짓는 가장 빠르고 강력한 기준이 된 것이다.

오늘부터 첫인상을 나만의 철학과 가치가 담긴 '전략적 자산'으로 설계하라. 단지 멋있게 보이려는 노력만으로는 부족하다. 첫인상은 내면에 철학적 깊이를 담고자 노력할 때 더 강력한 자산이 된다는 사실을 잊지 말자.

외적 모습과
내적 품격이
'부'를 결정한다

사람들은 당신의 외적 이미지를 통해 내적인 부분까지 추측한다. 심리학에서 말하는 '후광 효과Halo Effect'가 그렇다. 외형이 멋진 사람은 성격도 좋고 능력도 있을 거라고 착각하는 현상이다. 긍정적인 한 부분으로 그 사람 전체를 평가하는 것이다. 실제로 정제된 외모, 당당한 태도, 품위 있는 말투는 우리에게 신뢰감을 준다. 외적 스타일과 태도가 마치 하나의 기호처럼 작동하면서 그 사람을 호의적으로 평가하는 근거가 되는 것이다. 이러한 현상은 대인 관계나 비즈니스 세계에서도 큰 힘을 발휘한다.

다만, 훌륭한 외적 이미지만으로는 부족하다. 여기서 멈추면 신뢰는 일회성에 그치고 결국 부와 성공으로 이어지지 못한다. 사람들은 '멋진 포장'에 만족하지 않는다. 중요한 건 내용이다. 외적 스타일과 내적 철학이 일치할 때 진정한 신뢰가 형성된다. 내면의 가치와 태도는 존재감을 통해 전달된다. 여기서 '존재감'은 말로 전달되는 것이 아니다. 시선, 자세, 손끝의 떨림, 미소의 온도 등의 비언어적 요소들을 통해 자연스럽게 드러난다. 사람들은 이런 무의식적 신호에서 당신의 진정성과 품격을 감지한다.

디자이너 버질 아블로의 도약은 이를 잘 보여주는 사례다. 그는 패션계의 흐름을 바꾼 인물로, 길거리 문화의 상징인 스트리트웨어street wear와 고급 의류 시장인 하이패션high fashion의 경계를 허물며 등장한 새로운 시대의 아이콘이었다.

아프리카계 이민자 가정에서 태어난 그는 패션과는 거리가 먼 공학도였다. 그러나 이후 자신의 정체성과 창조성을 무기로 세계 최고 럭셔리 브랜드인 루이비통의 방향성과 정체성을 지휘하는 아티스틱 디렉터Artistic Director 자리에 올랐다.

버질 아블로는 패션에 대한 철학부터 남달랐다. 그는 패션을 '메시지의 매개체'로 활용했다. 창의적이고 실험적인 디자인을 통해 외적 스타일을 완성했을 뿐 아니라 "모든 것은 가능하다"는 믿음 아래 꾸준한 실천을 해왔고, 자기 단련을 통해 내적 품격을 구축했다. 그는 패션을 통해 평소 가져온 신념을 전하고자 애썼으며 인종·성별·문화의 장벽을 넘어 세상을 향한 도전을 멈추지 않았다.

파리에서 열린 자신의 첫 루이비통 쇼에 3,000명의 패션학도를 초대했고, 자기 뿌리인 가나의 젊은이들을 위해 스케이트보드와 서핑 등의 문화가 정착할 수 있도록 지원을 아끼지 않았다. 2020년에는 흑인인 조지 플로이드가 백인 경찰에 의해 살해당한 사건을 계기로 발생한 전 세계적인 사회 운동 'Black Lives Matter' 캠페인에 동참해 장학 기금을 출범시켰다. 또 흑인 소유 기업을 위한 기금 마련과 지원을 위해 힘썼다. 이처럼 버질 아블로는 길거리 흑인 문화를 패션에 차용해서 일군 외적 이미지를 자기 신념과 일치시킨 인물이었다.

그는 인간적인 매력으로 많은 사람을 움직였다. 친절함과 활기 넘치는 관대함은 사람들에게 강한 인상을 심어주었으며 이런 진정성과 내면의 태도는 브랜드 가치를 끌어올렸다. 루이비통, 나이키, 이케아 같은 글로벌 기업과의 협업을 통해 그가 던진 '믿음의 메시지'에 시장이 반응했음을 증명했고 결국 막대한 경제적 성공을 이루어냈다.

또 다른 사례로 페이스북메타의 최고운영책임자COO인 셰릴 샌드버그Sheryl Sandberg를 들 수 있다. 그녀는 단정한 외모와 강단 있는 태도, 그리고 인간미 넘치는 리더십으로 세계적으로 인정받는 기업인이 되었다. 그녀는 《린 인Lean In》이라는 저서를 통해 내적 가치와 철학을 솔직하게 공유하며 전 세계 여성 리더의 본보기가 되었다. 또한 내면의 철학을 실천하는 삶이 어떤 영향력을 가지는지를 보여주었다. 외적 모습과 내적 철학의 완벽한 일치는 곧 수많은 투자 기회와 글로벌 무대에서의 신뢰 자산 구축으로 이어졌다.

이상의 예에서 확인할 수 있듯이 외적 이미지와 내면의 신념이 일치할 때, 그것은 곧 장기적 부의 흐름을 설계하는 보이지 않는 자산이 된다. 외적 이미지와 내적 품격이 조화를 이룰 때, 사람들은 그 사람을 단순히 '멋진 사람'이 아닌, 경제적 파트너이자 장기적으로 투자 가치가 있는 인물로 인식한다.

중요한 것은 '보이는 것'과 삶의 내용이 조화를 이루는 것이다. 외양이 멋진 사람을 보면 감탄사가 절로 나오지만 이것이 장기적인 신뢰로 이어지려면 여기에 걸맞은 내면의 기품이 전달되어야 한다. 겉과 속이 일치하는 사람만이 믿을 수 있는 인물, 즉 함께하고 싶은 '파트너'로 인식된다. 지금 이 순간, 스스로에게 물어보라. '내가 입은 옷, 걷는 모습, 사용하는 단어…, 그 안에 나의 철학이 담겨 있는가?'

당신의 외적 스타일은 시작점일 뿐이다. 당신의 이미지는 내면의 철학과 태도, 즉 품격을 비추는 거울이어야 한다. 지금의 모습이 당신의 철학과 맞닿아 있는지, 그리고 그것이 주변 사람들에게 어떤 메시지를 전달하고 있는지를 점검하라. 이 두 가지의 균형이 잡히는 순간, 당신 주변은 이미 사람과 기회, 그리고 부의 가능성으로 가득 차게 될 것이다.

평판이 곧
자산으로 연결되는
시대

평판은 단순히 명성의 문제가 아니다. 그 자체로 금융적 가치, 브랜드 신뢰도, 투자 유치를 좌우하는 경제적 자산이기 때문이다. 디지털 시대의 소비자와 투자자는 제품이나 서비스를 경험하기 전에 먼저 그것을 만든 사람과 조직의 평판을 검색한다. 한 번의 클릭으로 평판이 공유되면서, 한 번의 실수로 수년간 쌓은 신뢰를 무너뜨릴 수도 있는 시대가 된 것이다.

신뢰에 기반한 긍정적 평가는 브랜드 가치를 끌어올리지만, 불신은 정반대로 커다란 손실을 불러온다. 단 한 번의 리스크로 엄청난 손해를 보는 것이다. 좋은 평판은 신뢰가 누적되어 형성된다. 하루아침에 만들어지지 않는다는 뜻이다. 시간을 들여 신뢰라는 자산을 차곡차곡 쌓아야 한다.

디지털 시대인 지금은 매체 특성에 맞는 대응이 효과적이다. 전통적인 광고보다 온라인 리뷰, 커뮤니티 평가, SNS 언급이 훨씬 더 신속하고 직접적이다. 이들은 브랜드 평판을 좌우하기에 매출은 물론 기업 가치와 직결된다. 개인 브랜딩도 마찬가지다. 말의 무게, 행동의 일관성, 관계에서 보여주는 태도와 책임감이 쌓여 '나'라는 사람의 '신뢰 지수'가 만들어진다. 점수가 높을수록 기회와 자본, 협업 제안은 자연스럽게 몰려든다.

워런 버핏은 신뢰로 구축한 평판을 통해 '투자 가능성'을 높인 대표적 인물이다. 평판의 중요성을 일찌감치 간파한 그는 늘 이렇게 강조했다. "20년간 쌓은 평판도 5분 만에 무너질 수 있다." 그만큼 세심한 관리가 필요하다는 뜻이다. 이러한 원칙에 따라 워런 버핏은 모든 투자와 파트너십에서 윤리와 투명성을 최우선 기준으로 삼았으며 덕분에 그가 이끄는 투자사 버크셔 해서웨이 Berkshire Hathaway는 전 세계 투자자들에게 '가장 신뢰받는 브랜드'로 자리 잡았다. 이는 막대한 장기 투자 유입, 안정적 성장을 가능케 한 원동력이었다.

테슬라의 일론 머스크 역시 개인의 평판이 기업 가치를 좌우한다는 사실을 잘 보여준다. 그의 대담한 비전과 솔직한 커뮤니케이션 방식은 일부 논란이 되기도 했지만, 동시에 그가 추구하는 혁신성과 도전 정신을 대중의 마음에 깊이 심어주었다. 이는 테슬라라는 브랜드와 맞닿아 있다. 그의 평판은 테슬라 주식 가치, 신규 투자 유치, 소비자 충성도를 강화하는 핵심 동력이다. 사람들은 그가 보여주는 말과 행동을 통해 투자 여부를 판단한다. 최고 경영자의 평판이 주가에 반영되는 시대가 된 것이다.

지속 가능성과 윤리적 패션을 추구하는 패션계의 리더 스텔라 매카트니Stella McCartney는 고집스러운 철학과 꾸준한 실천으로 소비자의 브랜드 충성도를 끌어올렸다. 그녀의 평판은 단지 친환경이라는 기업 이미지를 넘어선다. 그녀는 동물권 보호와 채식 운동, 기후 변화 대응 등에 적극적으로 나서며 사람들의 신뢰를 쌓아나갔다. 이러한 실천은 가치에 투자하고 싶은 소비자의 욕구를 충족시키면서 브랜드 전환을 이끌며 매출과 협업 기회를 폭발적으로 늘렸다.

이처럼 평판은 단지 이미지 관리 차원에 머물지 않는다. 오늘날 '신뢰'는 기업 활동의 기반이나 다름없다. 평판은 미래 수익을 알리는 선행 지표이자 눈덩이처럼 자산을 불리는 복리 시스템이다. 좋은 평판은 위기 상황에서조차 사람들을 내 편으로 만드는 무형의 방패로 인식된다.

오늘날 우리는 평판이 곧 부로 이어지는 시대에 살고 있다. 따라서 성공을 추구하는 이라면 다음과 같은 질문을 던져야 한다.

당신의 평판은 어떤 서사로 만들어지고 있는가?

그 이야기는 당신의 철학과 부합하는가?

당신의 평판은 미래의 기회, 사람, 자본을 확보할 수 있는가?

당신의 평판은 경제적 목표와 일치하는가?

아직 늦지 않았다. 오늘부터 평판을 바꾸어보자. 평판을 강력한 자산으로 인식하고, 말과 행동, 관계에서 쌓이는 신뢰를 정성스럽게 관리하라. 신뢰는 눈에 보이지 않지만 결국 부를 불러오는 가장 확실한 기반이자 강력한 통화가 될 것이다.

내 평판은 자산이 되고 있는가?

어떤 사람이 인재를 끌어모으고 자본을 유치할 수 있는가? 답을 찾으려면 먼저 다음을 확인해야 한다. 다음 중 "예"에 해당하는 항목이 몇 개인지 체크하자.

	부를 끌어당기는 평판 지수 체크리스트
1	나는 약속 시간이나 마감 기한을 거의 어기지 않는다.
2	사람들은 나에 대해 "일관성 있다"는 표현을 자주 쓴다.
3	SNS나 온라인에 내 이름을 검색해도 부끄럽지 않다.
4	내가 부재중일 때도, 주변 사람들은 나를 신뢰한다.
5	실수했을 때 책임을 회피하기보다 먼저 인정하고 수습하려 한다.
6	누구와 이야기하든 예의와 존중의 태도를 유지하려 노력한다.
7	누군가가 나를 소개할 때, "믿을 수 있는 사람"이라는 말을 듣는다.
8	위기 상황에서도 내 평판이 손상되지 않도록 언행에 신중하다.
9	나는 관계에서 이익보다 신뢰를 우선시한다.
10	내가 떠난 자리에 '다시 함께하고 싶은 사람'이라는 인상이 남는다.

결과 해석
8~10개
당신은 이미 신뢰의 복리 시스템을 누리고 있는 사람이다. 평판이 곧 부의 흐름을 만드는 자산으로 작용하고 있다. 지금처럼 일관성을 유지하라.
5~7개
기회가 오지만 자주 놓치기도 하는 상태. 지금부터 '의식적으로' 관리하고, 디지털 발자취와 말·행동의 정렬을 점검해보자.
4개 이하
당신의 신뢰 점수는 위태롭다. 평판을 복구하고 재구축하는 전략이 절실한 시점이다.

7개 이상이라면 당신은 이미 좋은 평판 자산을 구축 중이다. 하지만 6개 이하라면, 변화가 필요하다. 지금 바로 말, 태도, 관계의 디테일부터 리셋하라.

평판을 자산으로 전환하는 네 가지 실행 전략

1. 기준을 가시화하라.
가치관은 마음속에만 두면 힘을 갖지 못한다. 프로필, 인터뷰, SNS, 강연에서 당신의 원칙과 방향을 일관되게 드러내라. 사람들은 능력보다 기준이 분명한 사람을 신뢰한다.
2. 디지털 흔적을 설계하라.
검색 결과는 당신의 두 번째 이력서다. 온라인 리뷰, 기사, 게시물, 협업 기록을 방치하지 말라. 삭제할 것은 정리하고, 남길 것은 전략적으로 남겨라. 기록은 곧 평판의 증거다.

시간과 마감은 신뢰의 기본 단위다. 작은 약속을 반복해서 지키는 사람이 큰 자본을 다룰 기회를 얻는다. 평판은 거창한 선언이 아니라 일상의 정확성에서 쌓인다.

평판은 평온할 때가 아니라 위기에서 결정된다. 침묵할 것인가, 설명할 것인가, 사과할 것인가의 기준을 사전에 설계하라. 빠르고 투명한 대응은 손실을 최소화하고 오히려 신뢰를 강화한다.

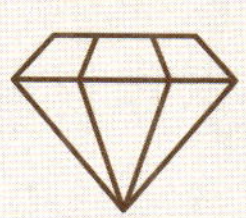

인재와 돈을 부르는 사람의 비밀

진짜 부자들은 무작정 돈을 좇지 않는다. 오히려 사람과 기회, 그리고 자본이 스스로 다가오게 만든다. 그들이 창출하는 부는 각자가 지닌 독특한 매력과 관계의 질에서 비롯된다. 그들의 태도, 내면의 품격, 그리고 관계를 맺는 연결 방식이 부를 부른다. 그렇다면 진짜 부자들이 공통적으로 가진 자질은 구엇일까? ●

부자들의 공통점을 찾아라

성공에는 가정환경, 학업, 인적 네트워크 등 다양한 요인이 작용한다. 그러나 우리가 자주 간과하는 측면이 있다. 바로 그들이 평소에 길러온 품성이다. 대표적으로 여유, 우아함, 침착함, 절제력, 그리고 강한 존재감을 꼽을 수 있다.

여유는 자신감에서 온다. 부자들은 불안과 초조함을 타인에게 내비치지 않는다. 항상 긴 호흡으로 미래를 바라보고, 단기적인 이익보다는 장기적인 신뢰와 관계를 중시한다. 자연스럽게 여유가 몸에 밸 수밖에 없다.

우아함은 기품 있는 태도다. 이는 상대가 편안함을 느끼고 긴장을 풀게 함으로써 우호적인 분위기 속에서 신뢰를 이끌어낸다.

침착함은 흔들리지 않는 마음이다. 위기 상황에서 더욱 빛을 발하며, 이때 보여주는 품격은 브랜드 가치를 높이고 경제적 신뢰를 만든다.

절제력은 자기를 제어하는 능력이다. 절제력을 갖춘 사람은 말과 행동을 불필요하게 낭비하지 않으며, 집중된 에너지를 통해 강한 인상을 남긴다.

강한 존재감은 인격에서 느껴지는 영향력이다. 존재감이 강한 사람은 굳이 입을 열어 말하지 않아도, 있는 그 자체로 사람들을 움직이고 기회를 불러온다.

이 다섯 가지 품성은 자기 브랜딩을 통해 부가가치를 창출하는 요인이 된다. 관계가 곧 자산이 되는 시대에 부자가 된 사람들이 이러한 가치를 공유하는 데는 이유가 있다. 그들은 양적인 인맥보다 철학이 맞는 사람들과의 깊은 연결을 중시하며, 이를 통해 '네트워크 자산'을 확장시킨다.

관계가 자산이 되는 시대인 오늘날, '네트워크 효과'는 부를 결정짓는 중요한 요인으로 부상했다. 누구와 연결되어 있는지가 곧 부의 흐름을 결정한다. 그래서 글로벌 CEO와 창업자들은 단순히 스펙 좋은 사람들만 주변에 두지 않는다. 자신의 철학과 비전을 공유할 수 있는 사람들과 네트워크를 구축한다. 그 유기적인 관계망은 다시 새로운 사람과 기회를 불러오며, 부의 확장성을 극대화한다.

예를 들어, 영국 버진그룹의 리처드 브랜슨은 평범한 사업가가 아니라 다양한 산업과 사람을 연결하는 '네트워크 설계자'다. 그는 다양한 산업 분야에서 새로운 아이디어와 사람들을 연결하며, 파트너십과 협업으로 부를 창출해왔다. 그의 관계의 기반은 언제나 '신뢰'와 '즐거움'이었다.

전통적인 명품 브랜드 샤넬을 부활시켰다고 평가받는 디자이너 카를 라거펠트Karl Lagerfeld 역시 강력한 네트워크를 기반으로 뛰어난 재능을 펼친 인물이다. 세계적 스타, 예술가, 브랜드 파트너들과의 관계를 통해 샤넬의 브랜드 가치를 증폭시키고 하나의 문화적 아이콘으로 자리매김했다. 그가 구축한 샤넬 네트워크는 곧 경제적 가치로 전환되었다.

이처럼 세계적인 부자들은 네트워크를 형성해 인재와 자본을 동시에 끌어당기며, 자신만의 보이지 않는 자산, 즉 '매력의 생태계'를 구축한다. 진짜 부자들은 혼자 성장하지 않는다. 그들은 강력한 관계와 품격 있는 태도로 함께 성장할 사람을 찾고, 자신의 철학과 맞는 사람을 키우고, 그들에게 기회를 제공하는 방식으로 '성장의 중심축'이 된다.

여기에는 그들만의 '행동 습관'이 큰 역할을 한다. 일상 속에서 무의식적으로 반복하는 행동에서조차 일관된 태도와 습관을 발견할 수 있다. 이를 통해 신뢰를 축적하고 관계를 형성함으로써 지속 가능한 부의 흐름을 만든다.

당신은 지금 누구와 연결되어 있는가? 지금 이 순간, 당신 곁에 있는 사람을 돌아보라. 그들은 당신의 미래 가치를 높이는 사람들인가? 그들과 함께하는 시간이 당신의 인격과 브랜드 가치의 성장을 이끌어내고 있는가?

의심스럽다면 당장 오늘부터 주변 네트워크를 재점검하고, 나의 철학과 맞는 사람들과의 관계를 강화해야 한다. 이때 중요한 것은 숫자보다 깊이다. 좋은 관계는 '얼마나 많은 사람과 친한가'로 평가되지 않는다. '무엇을 함께하는가'가 본질이다. 관계가 질적으로 고양되는 순간, 기회와 부는 자연스럽게 당신을 향해 움직이기 시작할 것이다.

부자들의 비결을 알았다면 여기서 한 걸음 더 나아가 돈이 움직이게 만드는 루틴을 파헤칠 차례다. '경제적 성공을 부르는 행동 습관'이 어떻게 부의 확장성과 연결되는지 구체적으로 알아보자.

경제적 성공을
부르는
행동 습관

지속 가능한 경제적 성공을 거둔 사람들의 일상을 들여다보면 한 가지 공통점을 찾을 수 있다. 바로 탁월한 '행동 습관'이 일상을 지배하고 있다는 사실이다. 이들은 단기적인 성과나 전략에 의존하지 않는다. 오히려 반복되는 일상의 작은 루틴 속에서 자신만의 내면적 기준과 태도를 꾸준히 쌓아간다. 이 습관은 신뢰를 만들고, 평판을 견고히 하며, 사람과 기회, 돈을 자연스럽게 끌어당기는 힘이 된다.

예를 들어, 워런 버핏은 매일 아침 5개의 신문을 읽으며 하루의 투자 계획과 변화에 대응하는 경영 전략을 점검한다. 수십 년간 이어온 이 단순한 루틴은 그가 충동이 아닌 통찰로 움직이는 투자자라는 이미지를 구축했다. 일론 머스크는 매일 분 단위로 스케줄을 관리하며 하루를 계획한다. 그는 '실행력'이라는 키워드로 브랜드화되었고, 작은 실패도 간과하지 않으면서 혁신의 아이콘이 되었다.

세계적인 베스트셀러《네 안의 잠든 거인을 깨워라Awaken the Giant Within》의 저자 토니 로빈스Tony Robbins는 매일 감사 일기를 쓴다. "당신의 삶을 바꾸려면 기대를 감사로 바꿔야 한다"고 말하며 많은 이에게 긍정의 영향력을 전파하고 있다.

이들의 공통점은 명확하다. 일상의 작은 행동들이 자신을 브랜딩하는 핵심 도구가 되었다는 것이다. 결국 부자들은 '보여주는 사람'이 아니라 '지켜내는 사람'이다. 그들이 무심히 실천하는 습관 하나하나가 신뢰와 경제적 가치로 전환되는 구조를 만든다. 그리고 이 구조는 일관성 있는 기준, 자기 절제, 내면의 주도성을 통해 유지된다. 누구나 할 수 있지만 아무나 지속할 수 없는 것, 그것이 바로 행동 습관이다.

경제적 성공을 거둔 사람들한테는 공통적으로 이러한 '행동 습관'이 발견된다. 이는 '내면의 기준'을 일관되게 지키는 데 초점이 맞춰져 있다. 그들은 이를 통해 자신만의 내적 자산을 축적해왔다. 단순한 지식이나 단발성 전략이 아니라, 매일의 작은 행동과 선택이 모여 신뢰와 평판을 구축하고, 기회를 끌어당기며,

마침내 경제적 성공으로 이어진다.

결국 습관은 '무의식의 브랜드화'다. 경제적으로 성공한 사람들은 실력을 보여주는 것보다 '지켜내는 것'에 집중한다. 그들은 일상의 습관을 지켜낼 뿐이다. 말하지 않아도 느껴지는 그들의 기품, 침착함, 일관된 행동은 하루하루 쌓인 루틴이 만든 '보이지 않는 신호'다. 그리고 우리는 그 신호에 끌린다. 함께 일하고 싶어지고, 함께 투자하고 싶어지고, 그 사람 곁에 머무르고 싶어진다.

일상의 습관을 자산으로 전환하라. 오늘부터 당신만의 행동 습관을 진단하고, 새로운 루틴을 설계하라. 이 작은 실천이 결국 부의 흐름을 바꾸는 전환점이 될 것이다.

경제적 성공 행동 습관 진단 리스트

다음 20개 문항을 각각 1~5점으로 체크하고, 총점을 확인하자.

(매우 그렇다 5점, 그렇다 4점, 보통 3점, 아닌 편은 2점, 전혀 그렇지

않다 1점)

행동 습관 진단 리스트(총 20문항)		
매력		
1	매일 아침 하루의 목표를 점검하고 구체적인 계획을 세운다.	1~5점
2	중요한 결정 전에 반드시 나의 가치 기준과 비교한다.	1~5점
3	감사 일기를 작성하거나 긍정적인 하루의 포인트를 기록한다.	1~5점
4	약속 시간에 항상 여유 있게 도착한다.	1~5점
5	하루 중 일정 시간을 독서와 학습에 투자한다.	1~5점
6	건강 관리를 위해 규칙적인 운동 루틴을 지킨다.	1~5점
7	새로운 사람을 만날 때 진정성 있고 열린 태도를 유지한다.	1~5점
8	어려운 순간에도 감정적으로 대응하지 않고 침착하게 행동한다.	1~5점
9	실패를 분석하고 그 경험을 통해 배운 점을 기록한다.	1~5점
10	작은 성공을 축하하며 자신감을 강화한다.	1~5점
11	불필요한 말과 행동을 절제한다.	1~5점

12	주기적으로 자신의 평판과 행동을 점검하고 피드백을 받는다.	1~5점
13	정리된 외적 스타일과 일관된 이미지를 유지한다.	1~5점
14	새로운 기회를 거절할 때도 품격 있는 언어로 의사 표현을 한다.	1~5점
15	매일 일정 시간 업무 집중을 위해 방해 요소를 차단한다.	1~5점
16	자신의 강점과 약점을 명확히 인식하고 있다.	1~5점
17	주변 사람들과 긍정적인 관계를 유지하기 위해 노력한다.	1~5점
18	배움과 성장을 위해 정기적으로 멘토나 전문가와 교류한다.	1~5점
19	긴급한 상황에서도 본인의 우선순위를 지킨다.	1~5점
20	일관된 언어와 태도로 개인 브랜드를 관리한다.	1~5점

결과 해석

90점 이상

이미 탁월한 행동 습관을 지니고 있으며, 경제적 성공의 기반을 탄탄히 다져가고 있다.

70~89점

좋은 습관을 지니고 있으나, 일부 루틴을 더 강화할 필요가 있다. 실행 전략을 통해 일관성을 더욱 견고히 해야 한다.

69점 이하

지금이 시작점이다. 루틴을 새롭게 설계하고 작은 실천부터 꾸준히 습관화해야 한다.

실행 전략
리뷰 데이 지정
매주 목표와 결과를 검토하는 '리뷰 데이'를 설정한다.
주간 루틴 체크
주간 루틴 점검표를 만들어 항목별 실천율을 체크하고 주간 변화를 기록한다.
정기 피드백 받기
멘토나 신뢰할 수 있는 사람에게 정기적으로 행동 피드백을 요청한다.
하루 마무리 질문 두 가지
① 오늘 가장 잘한 일은? ② 내일 더 잘할 수 있는 건? 매일 하루 끝에 '오늘 가장 잘한 일'과 '개선할 점'을 기록하며 자기 성찰의 루틴을 만든다.
큰 목표 쪼개기
큰 목표를 작은 단위의 실천 과제로 나누어 달성 가능성을 높이고 성취감을 쌓는다. '5년 후'의 목표를 '오늘 하루의 루틴'으로 연결하라.

1 돈의 흐름을 바꾸는 사람은 무엇이 다른가?

PART · 2

말과 행동이

돈이 된다

태도가 자산이다

현대 사회는 실력만으로 사람을 평가하지 않는다. 말투와 태도, 행동 하나하나가 곧 신뢰를 만들고, 이 신뢰는 경제적 자산으로 전환된다. 즉 말과 행동이 곧 나의 브랜드이며, 그것이 바로 돈이 되는 시대다. 부드럽지만 단단한 목소리, 여유로운 제스처, 상대방을 존중하는 눈빛 등 이 모든 요소는 상대의 마음을 여는 열쇠가 된다. 이러한 능력이야말로 기회, 사람, 그리고 자본을 끌어당기는 결정적 요인이 된다. ●

말투, 태도,
행동을
관리하라

최근 커뮤니케이션·마케팅 분야의 트렌드는 '스피치 브랜딩' 과 '인플루언서 말하기'로 대표된다. 이제는 단순히 말을 잘하는 것만으로는 부족하다. 자신의 가치관과 철학을 말투와 태도에 담아 일관되게 전달하는 능력이 중요해졌다. '무슨 말을 하는가' 만큼이나 '어떤 사람이 말하는가' '어떤 에너지로 전달하는가'가 핵심 요소가 되었다.

여기 '말'을 브랜드화한 구조가 있다. 개인의 경험과 생각을 단순한 발언에 그치지 않고, 하나의 가치 있는 콘텐츠로 확장시킨 시스템이다. 세계적인 강연 콘텐츠 플랫폼 TED의 급부상은 말이 어떻게 브랜드가 되는지를 가장 상징적으로 보여준다.

TED 무대에 선 강연자들은 화려한 언변으로 청중을 압도하지 않는다. 대신 자신의 경험과 철학을 명확하고 간결한 언어로 구조화해 전달한다. 한 문장, 한 문장에는 그 사람만의 스토리와 관점, 감정의 결이 담겨 있다. 이 감정의 결이 청중과 공감대를 형성하고, 공감은 곧 영향력으로, 영향력은 다시 브랜드 가치와 강연료, 콘텐츠 수익으로 이어진다. 그들의 언어는 한 번의 무대에서 끝나는 것이 아니다. 반복 가능한 브랜드 자산으로 축적된다.

사람들은 말의 내용보다 누가, 어떤 태도로 말했는가를 더 깊이 기억한다. 기억은 신뢰로 이어지고, 신뢰는 부의 흐름을 만들어낸다. 말과 행동은 커뮤니케이션 수단에 머물지 않는다. 그것은 자기 브랜드의 핵심 자산이며, 단순히 멋진 문장을 구사한다고 해서 만들어지는 것도 아니다. 말의 방향에는 가치가 담기고, 태도의 반복에는 철학이 쌓인다. 결국, 사람들이 신뢰하는 것은 말 잘하는 사람이 아니라, 언제나 같은 태도로 말하는 사람이다.

지금, 당신은 어떤 언어와 태도로 사람들을 만나고 있는가? 당신의 말 한마디, 표정 하나, 손끝의 제스처는 상대에게 신뢰감을 심어주는가, 혹은 기회를 멀어지게 하는가?

"말은 관계를 만들고, 태도는 브랜드를 만들며, 행동은 부의 문을 연다." 이제 이 문장을 당신의 일상 언어로 체화하라. 또한 지금 이 순간부터 자신의 말과 행동을 점검하고 그것을 '휴먼 브랜딩'의 시선으로 전환하라. 말투 하나, 눈빛 하나, 몸짓 하나가 당신의 철학을 말해준다. 당신의 말과 행동의 품격이 부를 부르는 핵심 자산임을 잊지 말아야 한다.

현재의 나를
파악하고
미래의 나를 연출하라

첫인상은 순식간에 결정된다. 그 짧은 순간 상대의 머릿속에서 '함께 일하고 싶은가?' '신뢰할 수 있는가?' '투자할 만한가?' 같은 경제적 판단이 이루어진다. 그렇다면 지금 당신에게 필요한 것은 무엇일까?

단순히 잘 보이려고 말과 행동을 가다듬는 것으로는 부족하다. 무엇보다 자기 객관화가 우선이다. 그래야 앞으로 어떤 모습으로 연출할지 방향을 정할 수 있다. 여기서 '연출'이란 즉흥적인 자기표현이 아니라, 명확한 자기 인식 위에서 설계된 '전략적 표현'이다. 이미지 연출의 프로세스는 점검 → 설정 → 연출 → 알림 → 존중의 5단계를 따른다. 이를 통해 누구나 자기 이미지를 부의 자산으로 만들 수 있다. 다음은 자기 객관화를 위한 질문들이다. 깊이 생각해보고 부족한 점을 채워보자.

[1단계] 점검:
지금, 나의 이미지는 어떤가?

많은 사람이 자기 이미지를 타인의 눈으로 가꾸려고 한다. 그러다 보면 남의 피드백에 의존하게 된다. 그래서는 안 된다. 자기 객관화는 타인의 평가보다 스스로의 인식에서 출발해야 한다. 이른바 자기를 비추는 '거울 질문'이다. 예를 들면 다음과 같은 물음이 가능하다.

- 나는 지금 어떤 표정으로 하루를 시작하는가?
- 나의 말투는 따뜻한가, 혹은 날카로운가?
- 나의 몸짓은 여유로운가, 불안한가?
- 나의 옷차림은 나의 역할과 목표를 말해주는가?

기업 컨설팅 현장에서 만난 한 임원은 본인의 카리스마가 팀을 이끌고 있다고 믿었다. 그러나 거울 질문을 해보니 목소리가 마음에 걸렸다. 톤이 너무 날카롭고 거슬렸던 것이다. 실제로 물어보니 "대표님 목소리는 너무 날카로워요" 하는 직원도 있었다. 그는 한 번 더 자기 목소리를 점검한 뒤, 의도적으로 말의 속도를 늦추고 톤을 한 단계 낮추었다. 그러자 직원들의 평가가 달라졌다. 부를 창출하는 이미지는 자기 객관화와 상대의 경험을 통해 구체화된다.

비즈니스 현장에서 먼저 느껴지는 것은 표정, 말투, 몸짓, 옷차림, 태도 등이다. 이 작은 신호들이 상대방의 무의식 속에서 '신뢰도'를 평가하는 기준이 된다.

목소리가 떨리고 불안정하면, 아무리 좋은 아이디어를 설명해도 설득력이 떨어진다. 눈을 피하거나 고개를 자주 숙인다면, 자신감이 없어 보인다. 반대로, 부드럽지만 안정된 톤과 여유 있는 제스처는 상대방의 마음을 열고 기회를 끌어당긴다.

옷차림은 신뢰의 프레임을 완성하는 마지막 퍼즐 조각이다. 과하지 않으면서도 세련된 옷차림은 '나는 나 자신은 물론 당신을 존중합니다'라는 메시지를 전한다. 반대로 상황과 맥락을 고려하지 않은 복장은 '프로페셔널하지 않다'는 판단을 불러온다.

옷은 단순히 몸을 가리는 수단이 아니라, 당신의 역할, 정체성, 가치관을 시각화하는 언어다. 매일 입는 옷이 당신의 가치관을 설명하고, 일관성 있는 자기 브랜딩 수단이 된다.

이미지는 곧 경제적 가치다. 어떤 리더는 똑같은 아이디어를 말해도 수십억 원의 투자를 받지만, 또 어떤 리더는 번뜩이는 아이디어를 말해도 신뢰를 얻지 못한다. 차이는 '어떤 모습으로 어떻게 전달했는가'에 있다. 앞서 했던 '거울 질문'을 한 단계 더 구체화하면 다음과 같다.

- 표정: 나는 기본적으로 미소를 띠고 있는가, 무표정인가?
- 목소리: 내 말투는 안정적이고 신뢰감을 주는가, 혹은 날카롭거나 지나치게 가벼운가?
- 몸짓: 손과 몸의 제스처는 여유로운가, 방어적이거나 불안한가?
- 옷차림: 오늘의 복장은 나의 목표와 역할을 반영하고 있는가? 내 옷이 나를 돋보이게 하는가, 가리고 있는가?

이 질문에 긍정적인 답이 많아질수록 나의 경제적 자산은 커진다. '거울 질문'을 꾸준히 반복하는 사람이, 결국 자기 미래를 설계한다.

[2단계] 설정:

내가 지금 하는 일은 무엇이고

앞으로 하고 싶은 일은 무엇인가?

자기 객관화에는 '일과 목표'도 포함된다. 지금 내가 하는 일이 곧 나의 이미지를 규정한다. 예를 들어, 늘 강연장에 서는 강사라면 '메시지의 전달력'이, 고객과 대면하는 직무에 있는 사람은 '신뢰를 주는 태도'가 중요하다. 현재와 목표 사이에 틈이 있을 수 있다. 현재는 강사 일을 하지만 앞으로 CEO 코치로 성장하고 싶은 사람이 있다고 하자. 그렇다면 지금 무엇을 준비해야 할까? 이때는 단순히 강의 스킬을 넘어, 리더로서 갖추어야 할 언어와 태도를 미리 연습해야 한다. '현상 유지형'에 머물지 않고 미래의 비전을 준비해야 '성장형 이미지'를 연출할 수 있다.

많은 사람이 '당장 일이 급하니 미래 준비는 나중에' 하고 생각한다. 그러나 그때가 되면 이미 늦다. 브랜드와 이미지는 미리 설계해야 한다. 미래 무대에 걸맞은 태도와 이미지를 지금부터 준비하는 사람만이 성공을 앞당긴다. 실전 팁은 다음과 같다.

• 지금 직무에서 비전과 연결된 역할을 스스로 추가하라.

(예: 단순한 보고자가 아니라, 의견 제시자·솔루션 제안자로 행동)

- "나는 앞으로 이런 사람이 되고 싶다"라는 비전을 주변에 알려라. 그때부터 타인은 그 이미지로 나를 바라보기 시작한다.

여기서 중요한 것은 '앞으로 하고 싶은 일'과의 연결성이다. 현재 이미지 연출에 머문다면 성장은 없다. '내일의 무대'에 맞춰 미래를 선점하는 사람이 되자.

[3단계] 연출:
내가 연출하고 싶은 방향은 무엇인가?

이미지 연출은 꾸며내는 것이 아니라 '의도적으로 선택'하는 과정이다. 그 출발점은 '모델 설정'이다. 이는 내가 닮고자 하는 사람의 태도와 행동을 분석하고 선별하는 행위다. 예컨대, 제프 베이조스의 '디테일 집착'은 경영자로서는 필요하지만 창의적인 크리에이터라면 독이 될 수도 있다. 조직에서 신뢰를 얻고 싶은 리더라면 사티아 나델라의 '공감적 경청 태도'를 배울 만하지만 협상 테이블 앞이라면 지나친 양보로 보일 수 있다. 따라서 모델을 설정하되 자기 상황에 맞게 조율해야 한다. 실전 훈련법은 다음과 같다.

- 존경하는 인물 3명을 적는다.

- 그들의 태도·말투·행동 중 지금 나에게 필요한 요소를 1~2개만 추출한다.

- 그것을 내 상황에 맞게 조정해 '작은 행동'으로 실천해본다.

  (예: '나델라의 공감 리더십'이 모델이라면? → 회의 때 최소 3번은 상대 발언에 요약이나 공감 등으로 반응한다.)

이때 주의할 점은 '가짜 연출'을 조심해야 한다는 점이다. 마음도 없이 억지로 흉내만 내면 부자연스럽다. 사람들은 불신을 느낀다. 결국은 자기 철학과 맞닿아 있을 때 지속성이 확보된다.

[4단계] 알림: 연출된 이미지를 어떻게 알릴 것인가?

이미지를 점검하고, 방향을 설정했다면 다음은 세상에 알릴 차례다. 아무리 훌륭한 이미지라도 드러나지 않으면 자산이 될 수 없다. SNS 시대에는 모두가 크리에이터이자 퍼블리셔다. 온·오프라인을 적극적으로 활용하여 자기 이미지를 브랜드화하자. 홍보 방식은 다음과 같다.

- 오프라인: 명함 교환 시 직책만이 아니라 '전문성 키워드'를 함께 넣어 기억에 남긴다.
- 온라인: SNS에 적는 한 줄 글에도 가치관을 담는다. 예를 들어 '성실'이 키워드라면, 이에 걸맞은 업무 과정과 성과를 꾸준히 기록한다.
- 발언과 발표: 한마디 한마디가 브랜드 메시지라 생각하고 준비한다.

여기서 중요한 것은 '일관성'이다. 온라인에서는 따뜻한 태도를 보이던 사람이, 오프라인에서는 차갑거나 무심한 언어를 쓴다면 신뢰는 무너진다. Z세대 리더들은 자기 가치관을 반영한 '일관된 언어'를 쓴다. SNS, 인터뷰, 공식 석상의 회의에서 보이는 언어와 몸짓이 곧 그들의 브랜드를 구축한다. 결국 이미지 연출은 내가 선택한 태도와 철학을 반복적으로 보여주는 일이다.

[5단계] 존중: 나는 자신을 어떻게 대하는가?

마지막 5단계는 자기 존중이다. 자기를 함부로 대하는 사람한테서는 매력이 나오지 않는다. 매력은 타고나는 것이 아니라, 자신을 아끼고 존중할 때 발산되는 에너지다. 컨설팅 현장에서 자주 만나는 질문이 있다.

"저는 왜 매력이 없을까요? 매력은 어떻게 만들어질까요?"

답은 단순하다. 겉모습이 아니라 태도의 문제이기 때문이다. 실제 한 임원은 회의 때마다 자기를 깎아내렸다. 직원들은 그를 존중하지 않았다. 문제를 파악한 그 임원은 이후 말버릇을 고쳤다. "제가 사실 부족해서요, 잘 모르지만…"이라고 하는 대신 "제 경험에 기반해 이런 의견을 드립니다"라고 표현했다. 이후 타인으로부터 존중받기 시작했고, 그의 의견은 무게감을 얻었다. 자기 존중을 위한 훈련 팁은 다음과 같다.

- 하루에 한 번, 오늘 내가 해낸 작은 성과를 기록하고 스스로 칭찬하라.
- 거울 앞에서 "나는 충분히 가치 있다"는 긍정적 확언을 10번 말하라.
- 회의나 대화에서 '겸손'과 '자기 비하'를 구분하라. 겸손은 존중받지만, 자기 비하는 신뢰를 잃게 한다.

태도가
품격을
만든다

이미지는 겉모습에서 시작되지만, 결국 태도에서 완성된다. 품격 있는 태도는 예의 바른 행동만을 의미하지 않는다. 그것은 자신을 다루는 방식이자, 타인을 대하는 기술이며, 약속을 이행하는 습관이다. 성공은 지식이 아닌 태도에서 갈린다. 말을 어떻게 하느냐보다, 어떤 자세로 대화하고 어떤 감정으로 행동하느냐가 상대방의 마음을 움직인다. 태도는 언어보다 빠르게 읽히고, 말보다 강력하게 각인된다. 태도가 곧 품격을 만들고, 품격은 신뢰를 낳으며, 신뢰는 기회와 매출, 추천과 재구매 등 부의 흐름으로 이어진다.

태도는 '첫인상'의 총합이다

태도는 일시적인 포즈가 아니다. 시간을 초월하여 한 사람의 인격을 드러낸다. 그 사람의 철학과 내면 에너지, 반복된 훈련이 응축된 결과물이기에 가능한 일이다. 특히 첫 만남에서 보이는 태도로 상대는 나를 어떻게 평가할지 결정한다. 일순간에 결정되는 첫인상은 말투, 표정, 시선 처리, 몸짓 등 태도의 총합으로 구성되며, 그 사람의 품격과 신뢰 가능성을 직관적으로 판단하게 한다. 그렇다면 어떤 태도로 나라는 브랜드를 상대에게 긍정적으로 각인시킬 수 있을까?

'결정 근육'이 신뢰를 만든다

차분한 애티튜드는 상대방에게 신뢰를 주는 핵심 요소다. 혼잡하고 소란스러운 상황에서도 흔들리지 않는 태도는 그 사람의 내면 에너지와 '감정 근육'을 그대로 보여준다. 요즘 회자되는 '결정 근육(의사 결정 능력을 비유적으로 표현한 말)'은 이런 태도의 힘을 잘 설명한다. 단호하면서도 부드럽고, 빠르면서도 고요하게 상황을 파악하고 행동하는 힘, 그것이 진짜 존재감이다.

'결정 근육'은 하루아침에 생기지 않는다. 작은 선택을 반복하고, 기준을 지키며, 내면을 단련하는 루틴 속에서 축적된다. 회의실에서의 절제된 발언, 협상 테이블에서의 침착함, 일상의 갈등 속에서도 흔들리지 않는 판단력, 이 모든 장면에서 차분한 태도가 빚어내는 '고요한 힘'은 곧 신뢰로 연결된다.

중심을 잃지 않는 태도가 자산이다

고요한 힘은 내적 에너지 관리에서 비롯한다. 외부 자극에 휘둘리지 않고, 자신의 페이스와 기준을 유지하는 노력이 빚어낸 결과다. 이런 사람은 어떤 공간에서도 존재감을 설계할 수 있다. '이 사람과 함께라면 안전하다. 이 사람은 신뢰할 수 있다'는 인식을 심어주며, 이 인식은 곧 경제적 신뢰 자산으로 전환된다.

태도는 '자기와의 약속'을 지키는 실천이다

태도는 외부를 향한 포장이나 퍼포먼스가 아니다. 자기 자신과의 약속을 매일 실천하는 내면의 훈련장이다. 정시에 도착하기, 작은 약속 소홀히 하지 않기, 무심한 듯 자연스러운 배려 한마디 같은 일상의 디테일이 모여 품격의 구조를 이룬다. 스스로 정한 기준을 지키는 일상 속에서 존재감이 만들어진다. 이로써 멀어졌던 사람도 돌아오게 하는 브랜드 파워가 형성된다.

결국, 태도는 '보이지 않는 설득력'이다

태도가 품격을 만들고, 그 품격은 사람들을 끌어당긴다. 화려한 언변보다 조용한 자신감, 요란한 표현보다 절제된 힘, 사람들은 이를 통해 타인을 판단하고 기억한다. 그러니 오늘부터 나의 태도를 점검해보자.

첫 만남에서 나는 어떤 태도를 보이는가? 스트레스 상황에서도 중심을 잃지 않고 있는가? 매일의 작은 선택 속에서 내 기준과 철학을 지켜내고 있는가?

태도는 선천적인 것도, 한번 만들어지면 바꿀 수 없는 결과물도 아니다. 반복되는 실천을 통해 길러지는 근육이다. 그 근육이 단단해질수록 당신의 품격은 빛날 것이다. 조용하지만 강력한 태도로 당신만의 품격을 만들어보자. 그러면 경제적 기회와 부는 자연스럽게 당신에게 다가올 것이다.

존재감을
키우는
행동 관리

존재감 있는 사람은 그저 돋보이는 사람이 아니라, 공간과 상황을 자연스럽게 장악하는 사람이다. 그들의 행동에는 과시나 과장이 없다. 대신 자연스러운 여유와 우아함이 깃들어 있으며, 이 담백한 태도 속에서 더 큰 신뢰와 호감이 만들어진다. 이들은 결코 잘난 척하지 않는다. 그럴 필요가 없기 때문이다. 바로 그 '겸손한 태도'가 더 깊은 신뢰와 호감을 불러온다.

절제된 사람만이 우아함을 얻는다

예를 들어, 일본의 유니클로 창립자 야나이 다다시柳井正는 극도로 절제된 태도로 유명하다. 그는 공식 석상에서도 자신을 드러내기보다는, 항상 직원과 제품, 고객 이야기에 집중한다. 말 한 마디 한마디를 신중하게 선택하는 그의 우아함과 절제력은 유니클로를 전 세계적인 브랜드로 성장시키는 핵심 동력이 되었다. 이는 심플함과 기능을 중요시하는 브랜드 철학과 완벽하게 일치한다.

넷플릭스의 공동 창립자 리드 헤이스팅스Reed Hastings도 마찬가지다. 그는 인터뷰나 공개 행사에서 결코 자신을 과장하거나 무리하게 포장하는 법이 없다. 오히려 자신의 약점과 실패 사례를 자연스럽게 공유하면서 조직의 성장과 변화에 대해 담백하게 이야기한다. 이 진정성 있는 태도는 글로벌 투자자와 창작자 커뮤니티에 '믿을 수 있는 파트너'라는 인식을 각인시켰다.

프랑스 명품 브랜드 에르메스의 전 CEO 악셀 뒤마Axel Dumas는 브랜드 이미지처럼 화려한 인물이 아니었다. 그는 에르메스의 장인 정신과 전통을 강조하며 겸손하고 일관된 태도로 브랜드를 이끌었다. 뒤마는 브랜드의 가치를 지키기 위해 겸손한 커뮤니케이션으로 단기적 이익보다 장기적 철학과 비전을 구축하는 데 집중했다. 이러한 노력은 글로벌 럭셔리 시장에서 에르메스를 '가장 신뢰할 수 있는 명품 브랜드'로 자리 잡게 했다. 악셀 뒤마의 조용한 리더십과 존재감은 '우아한 침묵'과 일관성 있는 행동에서 비롯된 것으로 평가받는다.

애플의 팀 쿡은 어떤가. 그는 카리스마 있었던 스티브 잡스와는 또 다른 형태의 리더십을 보여준다. 팀 쿡은 언제나 차분하고 침착한 태도로 조직을 이끌며, 직원과 파트너, 소비자들과의 관계에서 진정성과 투명성을 중시한다. 그는 언론 앞에서 과장된 언변 대신 사실과 가치 중심의 메시지를 전달하는 데 집중하는 한편 사람들과의 대화에서는 경청과 존중을 실천한다. 이러한 태도는 전 세계적으로 애플 브랜드에 대한 충성도와 신뢰를 더욱 공고히 하는 역할을 했다.

이들의 공통점은 '과시'가 아닌 '일관된 태도'로 존재감을 보여준다는 점이다. 말보다 행동으로, 속도보다 과정으로, 결국 내 견의 힘으로 신뢰를 형성한다. 이러한 품격 있는 존재감이 장기적으로 사람과 기회를 끌어들이는 자석 같은 힘을 발휘한 것이다.

존재감의 본질은 '타인을 편하게 하는 배려'다

이들이 가진 영향력은 '나를 중심에 놓는 사고'가 아닌 '타인을 중심에 두는 사고'에서 비롯한다. 상대가 불편하지 않도록 말하고, 상대가 긴장하지 않도록 행동한다. 상대가 존중받고 있다는 느낌을 받도록 시선, 표정, 간격을 조정한다. 그 작은 태도 하나하나가 편안하고 긍정적 에너지로 공간을 채우면서 궁극적으로 사람과 기회를 끌어당기는 강력한 관계 자산을 형성하는 것이다.

존재감은 화려한 말이나 과장된 행동이 아니라 상대방을 존중하는 태도에서 생긴다. 오늘부터라도 화려한 수사보다 담백한 진심, 큰 목소리보다 조용한 울림을 선택하라.

지금 당신의 행동은 타인의 눈에 어떻게 비칠지 생각해보았는가? 과연 '잘난 척'으로 보이는가, 아니면 '겸손한 우아함'으로 다가오는가? 지금부터라도 침묵의 힘, 절제된 언어, 배려가 담긴 존중의 시선과 미소를 통해 우아한 존재감을 만들어보자.

비언어적
커뮤니케이션의
힘

말보다 강력한 메시지를 전달하는 것은 바로 비언어적 커뮤니케이션이다. 1967년 심리학자 앨버트 메라비언Albert Mehrabian의 연구에 따르면, 첫인상에 영향을 주는 요소 중 시각적 정보가 55%, 음성적 정보가 38%나 된다. 언어적 정보는 단 7%만을 차지했다. 이 결과는 이후 수많은 연구에서 반복 검증되면서, 말이 아닌 비언어적 요소의 중요성을 일깨워주었다. 오늘날 리더십과 퍼스널 브랜딩 전략의 핵심 원칙도 여기에 있다. 그렇다면 비언어적 요소란 무엇을 말하는 것일까?

시선: 존중이 시작되는 감정의 통로

시선은 마음을 열고 감정적 연결을 이루게 하는 무언의 수단이다. 회의나 인터뷰에서는 상대가 말할 때 시선을 살짝 아래에 두고 고개를 끄덕이는 것이 좋다. 3~5초 정도의 자연스러운 눈 맞춤은 신뢰를 전달하고, 미세한 고개 끄덕임은 압박을 낮추고 연결을 만든다. 과도한 응시는 압박감을 주고, 시선을 피하거나 자주 돌리면 집중력이 없어 보이니 주의한다.

애플 CEO 팀 쿡은 발표 중 청중과의 눈 맞춤을 섬세하게 유지하며, '당신도 이 공간의 주인공입니다'라는 메시지를 전달한다. 이러한 시선 전략은 인간적 공감은 물론 브랜드에 대한 신뢰와 충성도를 높여주며, 궁극적으로는 막대한 경제적 가치로 연결된다.

손짓: 말보다 빠른 신뢰의 언어

손은 마음의 번역기다. 손짓은 언어보다 빠르며 직접적으로 신뢰를 구축한다. 손바닥을 내보이며 공간을 열어두는 동작은 "나는 당신에게 열린 사람입니다"라는 신호로 인식되며, 반대로 팔짱을 끼거나 손을 숨기는 행동은 폐쇄적이고 방어적인 인상을 준다.

나는 강의 현장에서 손바닥을 청중 쪽으로 향해 살짝 뻗으며 "여러분도 공감하시죠?"라고 말한다. 이 짧은 동작 하나만으로 공간의 온도가 달라진다.

프레젠테이션을 할 때 손을 너무 아래로 두면 자신감이 없어 보이고, 너무 위로 올리면 공격적으로 보인다. 배꼽 위, 어깨 아래의 제스처 라인이 가장 안정적이며 설득력 있어 보이는 영역이다.

걸음걸이: '에너지'를 시각화하는 언어

걸음걸이는 한 사람의 내면 에너지와 자신감을 직관적으로 보여주는 신호다. 어깨를 펴고 고개를 들며, 안정된 보폭으로 걷는 고습은 '나는 준비된 사람이다'라는 무언의 메시지를 전달한다. 구대에 오를 때의 단 10초, 회의실로 들어서며 보여주는 단 3m의 움직임이 당신의 첫인상을 결정한다.

리더들은 걸음으로 자신을 표현한다. 모델은 런웨이에서, CEO는 무대 위에서, 정치인은 연단 위에서 자기 브랜드를 대중과 공유한다. 예를 들어 방탄소년단의 리더 RM은 무대에 등장하는 순간부터 압도적인 카리스마를 발산한다. 걸음걸이만으로도 팬들과 청중은 그가 가진 리더십과 강한 에너지를 실감한다. 그의 강렬한 비언어적 메시지는 팬심을 강화했으며 글로벌 브랜드 협업과 경제적 기회로 확장되었다.

자신감이 있는 사람은 보폭이 일정하고, 시선이 정면을 향하며, 중심이 흔들리지 않는다. 반대로 불안하거나 자신이 없는 사람은 보폭이 좁고 시선이 흔들린다. 당신이 걷는 모습은 '내면의 언어'이며, 수백 가지 말보다 강력한 자기 PR이다.

호흡: 존재감을 지탱하는 리듬

비언어 커뮤니케이션은 '호흡'에서 시작한다. 호흡은 단순한 생리적 행위가 아니라, 말의 속도·표정·시선·손짓 등을 결정하는 내면의 리듬이다. 호흡이 급하면 말이 흔들리고, 호흡이 안정되면 단단한 존재감이 생긴다. 결국 숨을 다스린다는 것은 감정을 다스린다는 뜻이다.

많은 사람이 발표나 회의, 인터뷰 순간에 '숨을 잃는다'. 긴장하면 호흡이 얕아지고, 말은 빨라지며, 얼굴이 굳는다. 이때 상대는 말의 내용보다 먼저 불안을 읽는다. 말에 신뢰성을 부여하는 것은 화려한 수사가 아니라, 일정하고 안정된 호흡과 리듬이다.

실제로 글로벌 스피커들은 모두 호흡 기술을 훈련한다. 스티브 잡스는 프레젠테이션 직전, 무대 뒤에서 10초간 깊은 복식호흡을 했다. 그의 말이 편안하게 전달된 것은 '호흡의 템포' 덕분이었다. 오프라 윈프리 역시 인터뷰 전 심호흡으로 '에너지의 중심'을 유지하는 루틴을 갖고 있었다.

호흡은 보이지 않지만, 모든 비언어적 표현의 근간이다. 짧은 숨은 불안과 조급함을 드러내고, 깊은숨은 여유와 확신을 전한다. 한마디 전 삽입되는 짧은 호흡, 발표 이후의 1초 정적, 이 작은 공백이 강력한 '존재감의 여운'을 남긴다.

아침에 거울 앞에서 숨을 천천히 들이쉬고 내쉬는 1분.

중요한 회의 전에 배 아래로 숨을 가라앉히는 10초.

이 작은 루틴만으로도 마음의 진동이 안정되고, 표정이 부드러워진다.

속도: 신뢰를 결정하는 리듬

속도는 단순한 템포가 아니라, 한 사람의 사고와 감정이 드러나는 에너지의 진동수다. 말의 속도, 걸음의 속도, 제스처의 템포는 그 사람의 감정 상태와 사고의 안정성을 드러낸다. 급한 사람은 말도 빠르고 손짓도 많다.

리더는 속도를 통제해야 한다. 말이 빠르면 반감이 생긴다. 내용보다 먼저 서두르는 당신의 긴장과 불안이 읽힌다. 반대로 여유 있는 속도는 편안함 속에서 신뢰감을 형성한다. 하버드대 협상연구소의 실험 결과가 이를 증명한다. '평균보다 15% 느린 말하기 속도'가 청중의 신뢰도를 40% 이상 높였다. 사람들은 빠른 사람보다 '조율할 줄 아는 사람'에게서 안정감을 느낀다. 당신이 입을 열기 전 1초의 정적, 상대가 말을 마친 후 0.5초의 여백, 그 짧은 멈춤 속에서 품격이 드러난다.

움직임의 속도 또한 마찬가지다. 종종걸음은 조급한 마음을, 일정하고 힘 있는 보폭은 확신과 여유를 전한다. 한 CEO는 "리더의 걸음 속도만 봐도 조직 분위기를 안다"고 말한다. 리더의 발걸음이 바쁜 조직은 불안하고, 여유로운 조직은 안정적이다. 이처럼 리더의 속도는 조직 전체의 '리듬'과 '기세'를 결정짓는 보이지 않는 지휘봉이다. 결국 속도를 다스린다는 것은 자기감정을 통제하고, 타인의 신뢰를 설계하는 기술이다. 너무 빠르지도 너무 느리지도 않은 균형 잡힌 속도, 그것이 곧 품격의 리듬이며 당신이 전달하는 비언어 메시지의 '신뢰도'를 결정한다.

미소는 가장 경제적인 설득 전략

긍정적인 표정과 미소는 강력한 설득력을 발휘한다. 하버드 경영대학원에서 발간하는 〈하버드 비즈니스 리뷰HBR〉에 따르면, 미소는 상대의 방어적 태도를 70% 이상 완화시키고, 옥시토신 같은 긍정 호르몬 분비를 촉진해 관계 형성과 협상 성공률을 높인다. 긍정적인 몸짓과 미소를 자주 드러내면 협상 성공률이 30% 이상 상승하고, 청중 몰입도는 최대 40%까지 증가한다. 이는 웃음이 호감의 표현을 넘어서, 신뢰와 경제적 가치를 높이는 출발점이자 전략임을 말해준다. 긍정적인 표정은 조직의 에너지를 증폭시키고 정서적 온도를 조절한다. 결과적으로 미소는 비용이 들지 않는 최고의 투자이며, 수익률이 가장 높은 커뮤니케이션 자산이다.

비언어 커뮤니케이션도 훈련 가능한 재능이다

비언어 커뮤니케이션은 타고나는 것이 아니라 '훈련 가능한 재능'이다. 매일 10분 거울 앞에서 시선과 미소를 연습하고 걸음걸이와 손짓을 의식적으로 정돈하자. 긍정적 표정을 습관화하는 것만으로도 자신감, 집중력, 브랜드 신뢰도가 강화된다. 작은 습관 하나가 대인관계의 밀도를 바꾼다. 이러한 일상의 작은 훈련이 쌓이면, 비언어적 메시지는 더 단단해지고 신뢰 또한 자연스럽게 확장된다.

다음을 참고하여 신뢰를 형성하고 성공을 불러오는 루틴을 만들자. 당신이 걷는 방식, 시선, 미소 짓는 얼굴은 국경을 넘어 전 세계인의 인간적 신뢰 형성에 통용되는 '글로벌 스탠더드'다. 아래의 7일 훈련은 일상의 태도와 비언어 근육을 실질적으로 강화하는 데 초점을 둔다. 일주일의 준비로 내일의 나를 바꾸자.

실천 루틴: 태도·비언어 근육을 단단히 하는 7일 훈련

Day 1	발표 연습(첫 30초 녹화하여 표정·시선·말 속도 점검)
Day 2	걸음 루틴(어깨-복부-발의 3점 정렬, 보폭 균형 유지)
Day 3	손짓 3세트(열림·강조·정리 제스처는 배꼽 라인 위에서만)
Day 4	시선 3-5-20(3~5초 눈 맞춤, 20초 요약 말하기)
Day 5	미팅 전 메모 세 줄(목적·핵심·다음 액션 명확히 하기)
Day 6	D+1 복기 메시지(합의·담당·기한·리스크 정리)
Day 7	셀프 피드백(잘된 점·개선할 점·유지할 점, 각각 한 가지씩 기록)

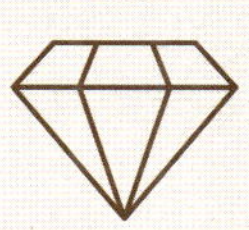

05

세계와 통하는 글로벌 비즈니스 매너

오늘의 비즈니스는 국경을 넘나드는 협업으로 이루어진다. 모든 인간관계에는 매너가 필요하다. 글로벌 매너에는 상대가 우리를 이해하는 데 걸리는 시간을 단축하는 힘이 있다. 처음 만난 사람과 가진 회의에서, 불필요한 설명 없이도 서로를 통하게 하는 것 — 단정한 옷차림, 정확한 인사, 안정된 시선과 태도, 과하지 않은 제스처, 균형 잡힌 대화, 품격 있는 식사법 — 이 갖춰져 있다면 합의에 이르는 속도 역시 빨라진다. 매너는 배려 차원을 넘어 비즈니스의 효율성을 높여주는 실제적 장치다. ●

글로벌 스탠더드
매너의 자세

글로벌 매너는 '서구 기준'을 추종함으로써 만들어지는 것이 아니다. 오히려 문화적 다양성을 존중하고 교집합을 찾아갈 때 얻어진다. 누구도 불편해하지 않는 기본선, 누구와도 안전하게 시작하고 자연스럽게 끝낼 수 있는 공통의 언어가 바로 글로벌 매너다. 이것이 충족되어야만 전략, 가치, 창의성을 논하는 단계로 넘어갈 수 있다.

SNS 시대에 매너는 특히 중요하다. 화면상에서 이루어지는 타인과의 소통에서 말은 후순위다. 보디랭귀지가 해석의 차이를 낳고 작은 디테일이 결과를 갈라놓는다. 예컨대 영상 회의를 진행할 때 카메라를 향한 시선, 첫인사의 톤, 몸짓, 발언이 끝났을 때의 표정 같은 비언어적 장치들이 결과를 좌우한다.

오프라인에서의 악수와 미소, 온라인에서의 프레이밍과 음소거 습관은 서로 다른 매너처럼 보이지만 본질은 같다. 에너지를 아끼고, 오해의 여지를 줄이며, 협업의 속도를 높인다. 글로벌 매너는 개인 브랜드의 확장과 직결된다. 다양한 문화권의 파트너가 '이 사람과 함께라면 안전하다'는 인상을 받으면, 다음 만남으로 이어질 가능성이 크다.

글로벌 매너는 권력의 언어가 아니라 평등의 언어다. 직급과 국적, 언어와 상관없이 서로를 존중하는 방식이 표준화될수록, 목소리가 작은 사람도 안전하게 발언할 수 있는 분위기가 형성된다. 포용이라는 가치는 이렇듯 매너를 통해 구현된다. 글로벌 스탠더드에 걸맞은 매너 익히기는 단순한 예절이 아니라 의사결정의 질과 신뢰도를 높이는 실질적 방법이다. 다음을 참고하여 매너의 글로벌 스탠더드를 익히자.

깔끔한 옷차림: 신뢰의 출발점

- 실루엣: 군더더기 없이 맞는 핏(어깨선 정렬, 소매 길이는 손목뼈까지).
- 팔레트: 네이비·차콜·아이보리·화이트·블랙의 저채도 3색

내 조합.

- 소재감: 구김이 적고 광택이 과하지 않은 것(울·코튼 혼방, 미세 텍스처).

- 그루밍: 헤어는 얼굴선이 드러나게, 수염·손톱 정돈, 향은 가까이에서만 느껴질 수준.

- 신발·가방: 명품 로고보다 상태의 단정함 강조(깨끗한 가죽, 스크래치 최소).

- 메시지: 옷은 과시가 아니라 정확함과 존중의 표지판이다.

단정한 악수와 짧은 미소: 첫인상 3초 시그널

- 악수: 손바닥 전체 접촉, 2~3초 짧은 리듬, 1~2회 가볍게 흔듦, 시선 동반.

- 미소: 입꼬리 15도 정도, 눈가 근육까지 미세하게, 길고 과한 미소는 피한다.

- 자세: 어깨 – 골반 – 발의 3점 정렬, 턱 살짝 당김, 배꼽 라인 위에서 열린 손바닥.

- 주의 사항: 과한 힘, 과한 시간, 과한 표정은 모두 피로의 신호로 읽힌다.

적절한 눈 맞춤과 열린 자세: 방어를 낮추는 구조

- 시선: 3~5초 눈 맞춤, 상대가 시선을 돌리면 미세한 끄덕임으로 수용 의사 드러내며 압박감을 해소한다.
- 자세: 팔짱, 의자 등받이에 과도하게 기댐, 과한 다리 꼬기는 금지.
- 회의 매너: 책상 위엔 필요한 자료만 둔다. 휴대폰은 시야 바깥에 보관한다.
- 주의 사항: 몸은 말보다 먼저 안심·경계의 신호를 전달한다.

첫 3초,
만남의 성격을 결정하는
글로벌 인사법

회의실 문턱을 넘는 순간부터 만남은 시작되고, 당신의 말보다 먼저 표정, 자세, 시선, 손끝이 도착한다. 인사를 나누고 자리를 정해 앉으면서 상대는 나를 파악한다. 그렇게 첫 3초가 회의의 성사를 결정한다. 그와의 만남에서 좋은 인상을 심어줄 방법을 생각해야 한다.

먼저 1분을 투자해 몸의 언어를 정렬한다. 입꼬리와 눈가의 움직임으로 짧은 미소를 짓는다. 어깨·골반·발의 축을 곧게 세우고 턱을 살짝 당겨 안정된 자세를 취한다. 시선은 상대의 미간과 양쪽 눈 사이 삼각 지점에 2~3초간 머물되 과하지 않게 주의한다. 악수는 손바닥 전체를 고르게 맞대 2~3초간, 1~2회만 가볍게 흔든다. 이때 눈을 함께 맞추면 된다. 첫 소개말은 간결할 수록 좋다. "안녕하세요, ○○의 ○○입니다. 만나 뵙게 되어 반갑습니다." 영어권이라면 "Nice to meet you, I'm ○○ from ○○. Thank you for taking the time." 정도면 충분하다. 그리고 소개 후 잠시 미소와 눈맞춤을 유지하는 '여운'이 신뢰감을 더해준다. 다음 문장을 참고하여 인사말을 연습해보자.

"안녕하세요, ○○의 ○○입니다. 오늘 미팅을 기대해왔습니다."
"성함 발음이 '○○' 맞나요? ○○님, 반갑습니다."
"제 명함입니다. 시간 되실 때 연락 부탁드립니다."
"이쪽이 더 편하실 것 같습니다. 먼저 모시겠습니다."
"잠시만 실례하겠습니다. 곧 돌아오겠습니다."

영어 표현은 다음과 같다.

"Hello, I'm ○○ from ○○. I've been looking forward to today's meeting."
"Did I pronounce your name correctly, '○○'? Great to meet you, ○○."

"Here's my card. Please feel free to reach out anytime."

"This seat might be more comfortable for you. Please, after you."

"If you'll excuse me for a moment, I'll be right back."

상황별 인사 매너

인사는 다양한 상황에서 이루어진다. 대표적인 사례를 보면 다음과 같다.

- 상대가 다가오면 반드시 일어선다. 착석 인사는 예외적인 상황에서만 허용된다.
- 자기소개는 소속·이름·역할을 한 문장으로 하고 대화 시에는 상대의 이름을 2~3회 자연스럽게 불러 연결감을 만든다.
- 인사·악수·좌석 안내는 10초 안에 자연스럽게 이어간다. 다자간 인사라면 직급과 연장자를 우선하고, 방문자는 먼저 호스트에게 인사하는 순서로 진행한다.
- 명함 나누기는 상호 존중의 의례다. 두 손으로 주고받고, 받은 직후 잠시 읽으며 성의를 표시한다. 이름 발음을 확인하는 세심함이 더해지면 좋다. 작은 배려가 관계의 온도를 바

꾼다.

- 복도에서 마주치면 2~3m 앞에서 미소와 가벼운 눈인사로 신호를 보내고, 가까워지면 "안녕하세요, ○○의 ○○입니다" 하며 정식으로 인사한다. 동선이 겹치면 한발 물러서 길을 열고 손짓으로 먼저 통과를 권유하라.

- 엘리베이터에서는 먼저 탄 사람이 조용히 눈으로 인사하고, 필요 이상의 소개나 대화는 삼간다. 내릴 때 문을 손으로 살짝 잡아 뒤따르는 사람이 편히 나오게 한다. 이러한 배려는 공간의 긴장감을 누그러뜨린다.

- 회의실에서는 먼저 도착한 사람이 나중에 온 사람을 기립해 맞이하고, 간단히 인사한 뒤 착석하여 명함을 주고받는다. 소개 순서는 호스트—고위직·연장자—방문자 순으로 하면 자연스럽다.

- 식당에서는 상대가 도착하면 자리에서 일어나 맞이하고 악수한 뒤 좌석을 안내한다. 상석은 창가나 출입문 반대편이 원칙이며, 손님이 좋은 자리를 쓰게 한다.

- 화상 회의에서는 카메라 렌즈를 상대의 '눈'으로 여기고 시선을 맞춘다. 프레이밍은 아래 선은 가슴 위, 위쪽 선은 머리 위 손가락 두 개쯤 들어갈 정도의 여백을 두면 충분하다. 발언 전후로 마이크 음소거와 해제를 확인한다.

문화권별 특징과 주의 사항

글로벌한 만남이 잦은 사람이라면 문화적 감수성을 길러야 한다. 지금 나의 행동이 어떤 맥락으로 읽힐지 알아야 좋은 매너를 보여줄 수 있다.

동아시아권에서는 악수와 가벼운 눈인사를 병행해도 어색하지 않다. 또한 명함 예절을 중시하기에 두 손으로 주고받고 잠시 명함에 주목하는 매너를 놓치지 말아야 한다. 북미와 북유럽은 시간 엄수가 필수다. 비교적 강한 눈 맞춤을 선호하지만, 과도함은 금물이다. 남유럽·중동·라틴 문화권은 친밀감을 주는 스킨십에 관대할 수 있으나, 첫 만남은 악수로 제한하는 것이 좋다. 이후 상대가 먼저 신호를 보냈을 때 친밀감을 드러내는 편이 안전하다. 일부 이슬람권에서는 이성 간 접촉을 부담스러워할 수 있으니, 상대의 의도와 반응을 먼저 확인하자. 또한 문화 차이와 무관하게, 공통적으로 상대방을 불쾌하게 만드는 경우가 있으니 다음에 주의하자.

- 앉은 채 손만 내미는 인사.
- 젖은 손이나 음식을 든 손으로 악수하기.
- 한 손을 주머니에 넣은 채 다른 손으로 악수하기.

- 상대 이름을 금세 잊고 "저기요" 하고 부르는 상황.

- 방금 받은 명함을 곧장 주머니에 구겨 넣는 습관.

- 실내에서 선글라스나 모자로 눈을 가려 시선을 차단하는 행동.

- 밀폐된 회의실에서 강한 향수 냄새를 풍기는 실수.

- 테이블 위에 휴대폰을 올려두고 시선을 자꾸 그쪽으로 두는 태도.

- 인사 중 타인을 힐끗거리며 주의를 분산시키는 버릇.

- 악수 시 과도한 악력으로 오래 붙잡고 흔들기.

회의 매너,
공감과 설득으로 합의에
이르는 길

첫인사를 나누었다면, 이제 본격적으로 대화에 나설 차례다. 좋은 대화 경험은 화려한 수사가 아니라 상대가 편안하게 자기 생각을 펼치도록 하는 데서 온다. 대화로 만드는 관계의 집은 공감과 요약, 그리고 확인이라는 세 가지 요소로 만들어진다. 이는 회의 등 공식적인 대화 자리에서 큰 힘을 발휘한다. 에너지를 아끼며 서로가 원하는 결론을 도출할 수 있다.

먼저 표정·시선·자세를 점검하자. 미소는 자연스럽게 가져간다. 과하면 가벼움으로, 무표정은 냉정으로 읽힐 우려가 있다. 눈 맞춤은 3~5초가 기본이다. 서구권에선 눈 맞춤을 자신감의 신호로 여기지만, 동아시아권은 다르다. 동아시아권은 강도를 한 단계 낮춰 부드럽게 유지하는 편이 좋다. 팔짱, 과하게 몸을 뒤로 젖힘, 깊은 다리 꼬기는 방어나 거만의 신호로 읽히기 쉬우므로 열린 자세Open Posture를 기본으로 삼는다. 테이블 위엔 필요한 자료만 올려놓고, 휴대폰은 보이지 않는 곳에 둔다. 이런 사전 정돈만으로도 '당신이 오늘의 주인공입니다'라는 무언의 메시지가 자연스럽게 전달된다.

존중과 경청 태도: 공감→요약→확인

앞서도 이야기했지만 좋은 대화의 골격은 공감과 요약 그리고 확인이라는 세 가지 요소로 이루어진다. 이는 서로에게 믿음을 주면서 좋은 결론을 도출하는 데 에너지를 집중할 수 있게 한다. 회의하는 동안 이러한 태도를 유지하면 논의에 집중하기 쉽다. 다음을 참고하자.

- 공감: 감정·상황에 이름 붙이기(예: "일정 지연이 가장 큰 이슈군요").
- 요약: 키워드 2~3개로 정리.
- 확인: "제가 이해한 게 맞나요?"로 마무리.

이때 말하기와 듣기 비율은 3 대 7을 권장한다. 말할 때는 설

명을 줄이고 질문을 늘린다. '왜'보다는 '무엇과 어떻게'가 협의
에 유리하다. 예를 들면 다음과 같다.

"무엇이 가장 걸림돌인가요?"

"어떻게 하면 내일까지 위험을 30%라도 낮출 수 있을까요?"

"오늘은 어디까지 결정하면 될까요?"

"제 의견 전에, 먼저 정리해볼게요."

"제가 놓친 포인트가 있으면 바로잡아주세요."

"한 줄로 말하면 이렇습니다…."

결정되었다면 20초 요약과 함께 회의를 마무리한다. "오늘 합
의는 A/B/C입니다. 저는 D를, ○○님은 E를 맡고, 기한은 금요
일입니다. 맞죠?" 이 짧은 복기 과정은 불필요한 오해를 막고
'회의 이후의 행동'까지 혼선 없이 정렬해준다.

호칭과 스몰토크, 그리고 금기

존중은 호칭에서 가장 먼저 드러난다. 직함을 알면 직함+성,
모르면 성함+님Mr./Ms.을 사용한다. 이름은 서로를 연결하는 다
리와 같다. 대화 중 두세 번 자연스럽게 호명하면 심리적 거리가

줄어든다. 스몰토크는 도시·음식·전시·스포츠·여행·업계 트렌드처럼 가벼운 주제가 안전하다. 반대로 정치·종교·깊은 사생활 영역·연봉·재산은 금기다.

회의 시작은 문화권에 따라 조절할 수 있다. 북미·북유럽은 5~10분 일찍, 한국·일본은 정시에, 남유럽·중동은 비교적 시간 관념이 유연하므로 무엇이 더 나을지 사전에 확인하는 것이 안전하다. 회의 진행 속도와 침묵의 길이, 끼어들기의 타이밍까지도 상대 문화권의 시간 감각을 존중해 조율한다. 여러 문화권이 동시에 토론한다면 말 속도를 10% 느리게, 문장은 짧게 끊고, 통역이나 자막 사용 시엔 발언 사이 반 박자를 두는 것이 좋다. 이 작은 조율이 국제 미팅에서 '문화적 거리'를 줄인다.

식사 자리,
신뢰의 밀도를
정하는 시공간

식사 자리는 관계의 밀도를 높인다. 편안한 대화의 자리이자, 감정이 정리되는 시간, 신뢰가 농축되는 공간이다. 이때의 테이블 매너는 세 단어로 요약된다. Pace·Place·Grace. 속도를 맞추고pace, 자리를 정돈하며place, 품위 있게 마무리한다grace.

자리 세팅과 주문

식사 자리에서 일반적으로 상석은 창가 또는 출입문 반대편이며, 손님이 좋은 자리를 쓰도록 하는 것이 원칙이다. 앉자마자 냅킨을 무릎 위에 부드럽게 펼치고, 식기는 바깥쪽에서 안쪽

으로 사용한다. 함께 먹는 음식은 공용 도구를 사용해서 개인 접
시에 덜어놓는다. 이는 드브레츠Debrett's 같은 영국의 권위 있는
예절 전문 회사가 권하는 표준 매너다.

테이블 위에 명함을 늘어놓기보다 케이스에 정리하고, 휴대폰
은 시야 밖으로 치워서 자리에 집중할 환경을 만든다. 호스트는
시작과 마침의 템포, 코스 간 전환 타이밍을 살피고 조율하는 역
할을 한다.

회의 같은 공식 석상이라면 깔끔하고 조용한 메뉴가 좋다. 뼈
나 껍질이 많은 생선, 소리가 크게 나는 튀김, 국물이 튈 수 있는
긴 면류 등은 피하는 게 안전하다. 공유 음식은 반드시 공용 집
게나 스푼으로 덜어서 먹는다. 알레르기 요소나 종교적 금기 음
식 등을 미리 확인하는 것도 참석자에 대한 중요한 배려다.

속도·대화·주류

식사 속도는 상대방의 배려가 그대로 드러나는 지점이다. 한
쪽이 빨라지면 조급해지고, 느려지면 흐름이 끊긴다. 씹을 때는
칼을 멈추고, 코스와 코스 사이에 질문과 피드백을 섞어 산책하
듯 대화를 이어간다. 전반부라면 장소와 음식, 최근 전시나 도시
이야기처럼 가벼운 공통 주제로 긴장을 풀고 중반부에 자연스

럽게 사업 논의로 들어간다. 중요한 주제에 직접 들어가기 전에 "아까 말씀하신 일정 이슈는 이 코스 끝나고 구체적으로 들어볼까요?" 같은 말로 워밍업할 시간을 가지는 것이 좋다.

주류酒類는 자율적으로 선택할 수 있게 한다. "가능하면 함께 하시죠. 물이나 논알코올 음료도 좋습니다" 같은 말로 선택지를 열어둔다. 강권은 금기다. 건배는 짧게, 메시지는 가볍게 한다. 분위기가 좋을수록 말의 속도를 늦추고 비밀스러운 사안은 곧바로 확정하지 않는다.

서빙과 결제, 그리고 마무리

마무리는 다음 자리를 예고하는 초대장이다. 식사 자리가 끝났다면 자리에서 일어나 정중히 인사하고, 비용은 초대한 쪽이 정리한다. 이 부분에서 회사의 정책, 문화적인 차이가 있을 것으로 예상되면 사전에 합의한다.

만남을 마친 후에는 메일을 통해 감사의 인사를 전하고 그 자리에서 있었던 합의 사항과 담당자, 기한 등을 다섯 줄 이내로 간결하게 정리한다. 예를 들면 "오늘 논의 요점은 A/B/C였습니다. 저는 D를, 귀사는 E를 맡기로 했고 기한은 금요일입니다. 다음 미팅은 17일 10시로 제안 드립니다"와 같은 식이다.

젓가락과 포크, 주류 문화와 금주 문화가 뒤섞이는 곳에서 우리가 지켜야 할 것은 단 하나, 상대를 배려하는 문화적 감수성이다. 과잉도 결핍도 아닌 적절함이야말로 편안함을 만들고, 깊이 있는 대화의 자리를 이끌어낸다.

식사는 시간을 함께 쓰는 일이다. 그 시간의 리듬을 존중하면 대화의 깊이가 달라지고, 합의에 이르는 길도 달라진다. 속도를 맞추고 자리를 정돈하며 품위 있게 마무리하는 습관을 가진다면, 당신의 관계 자산은 매일 조금씩 그러나 확실하게 불어날 것이다.

06

돈을 끌어당기는 대화법

대화는 서로에게 많은 것을 알려준다. 정보를 전달하는 의사소통적 기능은 물론 한 사람의 철학과 내면의 품격을 전해주는 역할을 한다. 이는 자기 브랜드를 직접적으로 상대에게 설명하는 무대이기도 하다. 개인의 브랜드 가치가 곧 경제적 자산으로 연결되는 오늘날, 대화의 기술과 태도는 매우 중요하다. 그 자체로 기회와 부를 끌어당기는 핵심 전략이기 때문이다. ●

기회를 부르는
대화의
여섯 가지 원칙

대화의 출발점은 항상 상대방에 대한 존중이어야 한다. 상대의 말을 귀담아듣고 차근차근 자기 뜻을 전달하는 경청은 신뢰를 얻는 데 기본이 되는 태도다. 일본의 교세라 그룹 창립자 이나모리 가즈오稻盛和夫는 회의 자리에서 언제나 상대방의 말이 끝날 때까지 기다린 뒤, 고개를 끄덕이며 짧고 명확한 피드백을 주는 것으로 유명하다. 이러한 태도는 수많은 협력사, 임직원들과 강력한 신뢰 관계를 구축했다. 이는 그가 운영하는 기업을 '존경받는 브랜드'로 인식시키면서 그룹의 지속 가능한 성장을 이끌어냈다.

'권위'가 아닌 '개방'으로 이끄는 대화

대화는 수평적 관계를 지향해야 한다. 상대방의 나이가 어리거나 경력이 부족하다고 해서 함부로 대해서는 안 된다. 지시보다 개방적인 태도와 수평적 소통이 훨씬 효과적이다. 넷플릭스 공동 창업자 리드 헤이스팅스의 예를 보자. 그는 내부 미팅에서 '내가 틀릴 수도 있다'는 전제하에 대화에 임한다고 한다. 이러한 태도는 팀원들이 자유롭게 의견을 개진하는 데 큰 도움을 주었다. 대화의 부담을 줄여주는 이 방식은 내부 혁신과 창의성을 자극하며, 글로벌 시장 점유율을 확대하는 강력한 원동력이 되었다는 평가를 받는다.

때와 장소에 맞는 말이 부를 부른다

말의 내용은 물론 형식도 상황과 목적에 따라 달라져야 한다. 공식 회의나 프레젠테이션 자리에서는 논리적이고 간결한 전달이 핵심이다. 이는 전달자에 따라 다양한 방식이 가능하다. 예를 들어, 애플 CEO 팀 쿡은 제품 발표회에서 기술적 디테일과 감성적 스토리를 적절히 섞어 고객들의 몰입을 이끌어내는 방식을 선호한다.

영국 방송 역사에서 가장 존경받는 인터뷰어로 꼽히는 마이클 파킨슨Michael Parkinson은 화려한 연출이나 유머보다 상대를 존중하며 깊게 듣는 자세로 평가받았다. 공격보다 이해하는 태도로 시청자들의 신뢰를 구축했다.

사적인 자리라면 상대방의 감정과 경험에 공감하면서, 유머를 섞어 긴장을 완화시키며 대화를 이끄는 것이 효과적이다. 상황에 따라서 좀 더 논리적이거나 감성적인 접근이 필요할 수도 있다. 여기에 대한 올바른 판단이 대화의 성패를 좌우한다.

세대와 매체를 고려한 소통 전략

소위 'MZ세대'를 비롯한 젊은 층은 위계적 언어보다는 '공감 기반의 수평적 화법'을 선호한다. 기업 경영에서도 이를 반영한 소통 전략이 성과를 거두고 있다. 실제로 〈하버드 비즈니스 리뷰HBR〉에 따르면, 존중과 공감을 기반으로 한 대화는 직원 충성도를 평균 47% 이상 끌어올리고, 조직 내 혁신 아이디어 제안을 30% 이상 증가시킨다고 한다.

예를 들어, 구글의 최고 경영자 순다 피차이Sundar Pichai는 직원들과의 격의 없는 대화로 유명하다. 개인적 배경과 고민까지 공유하며, 상대에게 심리적 안정감과 신뢰감을 준다. 그 결과 직원들은 회사의 비전에 깊이 공감하고 일에 몰입할 수 있었으며 이를 통한 생산력 향상이 이어졌다. 수평적 소통이 조직적 성과로 직결된 대표적 사례다.

비대면 커뮤니케이션의 품격도 자산이다

디지털 환경에서는 문자, 이메일, 댓글이 주요 소통 수단이다. 이때는 비대면으로 이루어지는 커뮤니케이션 특성상 글을 통한 메시지 전달이 중요해진다. SNS상에서 이루어지는 무관심한 이모티콘, 단답형 메시지 교환은 대중과의 관계를 소원하게 만들고 브랜드의 신뢰도를 떨어뜨린다. 반대로, 상대방의 감정을 고려한 따뜻한 문장, 정중한 인사가 담긴 메시지는 신뢰라는 자산을 쌓는 계기가 된다.

실제로 오프라 윈프리는 SNS에서 팔로워들의 댓글에 직접 답변하며, 인간적인 매력을 보여준 적이 많다. 그녀는 한 줄의 댓글조차 허투루 넘기지 않는다. 브랜드 신뢰와 팬덤의 감도를 끌어올리는 중요한 소통 창구이기 때문이다. 비대면에서도 '언어의 품격'은 그대로 경제적 가치가 된다.

그렇다면 어떻게 해야 상대와 공감하는 대화가 가능할까? 방법은 어렵지 않다. 상대 입장에서 생각해보면 된다. 그런 취지에서

'거울 질문'을 한번 던져보자. '내가 이런 말을 들으면 어떤 기분이 들까?' '이 말은 상대의 경험과 관점을 존중하고 있는가?'

실제로 수많은 강연과 콘텐츠를 통해 대중과 소통해온 김미경은 "사람의 마음을 움직이는 말은 기술이 아니라 태도에서 나온다"고 말한다. 그녀가 강조하는 것 역시, 말을 하기 전 상대의 입장에서 한 번 더 생각하는 자세다. 이를 습관화하면 무의식적으로 내뱉는 말을 점검하고 훌륭한 대화로 전환할 수 있다. 신뢰를 구축하는 '관계 중심 대화법'이야말로 성공을 부르는 대화의 핵심이다.

단어 하나가 부를 바꾼다

이번에는 반면교사 삼을 만한 실패 사례를 보자. 한 글로벌 패션 브랜드 CEO는 대중매체 인터뷰 자리에서 직원과 협력사를 비하하는 발언을 했다가 큰 논란에 빠졌다. 브랜드 평판은 순식간에 하락했고, 매출과 글로벌 파트너십에도 직접적인 타격을 받았다. 무심결에 나온 말 한마디가 수십 년간 쌓아온 신뢰를 무너뜨린 것이다. 아마도 그는 버진그룹 창립자 리처드 브랜슨의 충고를 귀담아듣지 않았던 모양이다. 늘 '사람'을 중심에 두고 대화하며, 어떤 상황에서도 상대방을 존중하는 언어를 사용해야 한다고 말한 브랜슨은 정직하고 투명한 소통으로 브랜드 충성도와 경제적 가치를 끌어올린 기업가로 평가받는다.

대화는 곧 설득이고, 설득은 곧 자산이다

대화는 상대와 공감하고 연결하는 소통의 장이다. 당신이 전하는 한마디 한마디는 자기 브랜드를 구축하고 신뢰와 기회를 확장하는 경제적 자산이 된다. 오늘부터 자신의 대화 태도와 일상적으로 사용하는 언어의 뉘앙스를 점검하자. 상대방의 눈을 바라보며 이야기하고, 그의 말을 끝까지 경청하며, 존중을 담은 한마디를 전하는 연습을 해보자. 어떤 상황에서도 당신의 한마디가 한 귀로 흘려듣는 말이 되어서는 안 된다. 대화는 브랜드를 정립하는 중요한 도구이며, 결국 당신의 대화가 곧 당신의 미래를 바꾼다는 사실을 기억하자.

성공적 대화를
위한
언어의 기술

'어떻게 말할 것인가'의 중요성을 이해했다면, 한 걸음 더 나아가 구체적인 화법을 알아볼 차례다. 당신의 말에 강력한 설득력을 보탤 '절제된 언어의 기술'을 알아보자.

지위가 높은 사람과 대화한다면 먼저 그를 존중한다는 메시지를 전달하는 것이 좋다. 다만, 자기 의견만큼은 분명하게 전달해야 한다. 이때 보고만 한다면 수동적이라는 인상을 줄 수 있으며 요청만 반복하면 듣는 사람으로서는 부담이다. '제안'의 형식으로 의사를 전달함으로써 상사에게 선택의 여지를 주고 당신의 전문성을 강조할 수 있다.

앞에서 이야기한 공감→요약→확인의 구조를 적용하되, 마지막 단계에서 다른 안을 함께 제시함으로써 선택지를 넓힐 수 있다. 예를 들면 다음과 같다.

"이슈는 일정과 품질 두 가지입니다(요약) → 제가 이해한 게 맞나요?(확인) → 실행안은 A와 B, 두 가지입니다. A는 빠르지만 리스크가 있고 B는 안전하지만 시간이 오래 걸립니다. 어느 쪽이 좋을까요?"

동료나 후배일 경우

동료나 파트너라면 수평 커뮤니케이션을 시도한다. 합의의 언어로 말하되, 근거를 공유하고 역할 분담을 제안한다. 상대가 후배나 협력 업체라면 맥락을 제공하고 기대 품질과 기준을 명시한 후 피드백 방식을 제시한다.

"이번 산출물의 목적은 ○○이며, 품질 기준은 예시처럼 ○○입니다. 오늘 5시에 1차 점검하고, 내일 정오에 80% 완성된 작업물 받을게요."

만약 다국적, 다부서, 다세대가 섞인 자리라면 명시적 합의 문장을 준비한다.

"오늘 회의의 목적은 ○○입니다. 합의되면 바로 담당을 배정하고 다음날 복기 메일로 공유하겠습니다."

복기 메일은 다음과 같은 형식을 참고할 수 있다.

- 상사·고객: "오늘 합의: A/B/C. 선택안: B. 담당/기한: 우리 팀－D(10/20), 귀사－E(10/22). 리스크: R(완화안: C). 다음 미팅: 10/24 10:00(30분간). 감사합니다."
- 동료·파트너: "정리: A/B/C. 우리－D, 귀사－E. 의존성: Z. 체크 시점: 금 12시."

공손함을 잃지 않는 단호함

의견을 나누다 보면 이견이 생길 수 있다. 이때는 다음 방식을 참고하자.

- 반대할 때: "동의하는 부분은 A입니다. 다만 B에서 리스크가 보여 대안 C를 제안합니다."
- 보완 요청: "현재 버전의 강점은 X입니다. 효과를 극대화하려면 Y를 추가하면 좋겠습니다."
- 시간 조율: "금요일 12시까지 80% 버전으로 드리겠습니다. 핵심 검토 포인트는 두 가지입니다."
- 범위 한정: "이번 기한 범위에서는 ○○까지만 책임질 수 있습니다. 그 밖의 ○○는 2차 범위로 제안드립니다."

설득력을
기르는
언어 습관

언어의 역할은 정보 전달에 그치지 않는다. 우리가 쓰는 말과 글에는 한 사람의 철학과 가치관 그리고 신뢰의 무게가 담겨 상대를 설득한다. 이는 자기를 브랜드화하는 데 있어 결코 간과할 수 없는 핵심 요소다. 어떤 단어를 선택하고, 어떻게 말하느냐는 단순히 취향의 문제가 아니다. 커뮤니케이션을 통해 경제적 신뢰 자산을 쌓는 데 큰 영향을 미치기 때문이다.

오늘날처럼 '스피치 브랜딩speech branding, 말의 자산화'과 '퍼포먼스 리더십Performance Leadership, 리더의 퍼포먼스가 핵심 자원인 리더십'이 중요해진 시대에는, 한마디 한마디가 곧 그 사람의 브랜드를 형성한다. 말을 통해 신뢰를 쌓고 브랜드 가치를 높이려면 다음을 기억해야 한다.

설득력은 절제에서 시작된다

공적인 자리에서나 대화 상황에서 주의할 점이 있다. 불필요하게 많은 말을 늘어놓거나, 감정적으로 과장된 표현을 쓰는 순간, 신뢰와 멀어진다. 군이 말을 많이 하지 않아도 상대의 감성과 인식을 자극할 수 있다. 우리는 간결함을 추구해야 한다.

예를 들어, 스티브 잡스는 단 한 문장으로 모든 내용을 전달하고 설득하는 '키 메시지key message' 대화법의 달인이었다. 그가 제품 발표장에서 자주 썼던 표현인 "It just works"를 보자. '그냥 됩니다'라는 뜻의 이 말은 애플 기술에 대한 자부심과 단순함을 추구하는 그의 철학이 잘 담겼다. 스티브 잡스의 발표는 간결했지만, 늘 청중에게 깊은 울림을 남겼다. 사람들은 애플을 잡스와 동일시했으며 그의 말 한마디는 애플의 혁신을 상징했다.

상대방의 뇌리에 남을 핵심 문장이 필요하다

〈하버드 비즈니스 리뷰HBR〉의 연구에 따르면, 청중은 발표 중 20%의 정보만을 기억하며, 그중 가장 강렬한 한 문장을 90%

이상 기억한다고 한다. 아무리 많은 말을 들어도 인상적인 일부만 기억한다는 뜻이다. 따라서 설득력을 높이려면 핵심이 되는 메시지를 중심에 두고, 이를 자연스럽게 반복 제시하는 것이 좋다.

실제로 TED 강연자들은 대부분 이 전략을 사용한다. 예를 들어, 미국의 자기계발 컨설턴트인 사이먼 시넥Simon Sinek은 강연할 때마다 "Start with Why"라는 문장을 반복해서 사용한다. 리더는 '무엇'이 아닌 '왜'라는 질문에 대한 답을 제시해야 한다는 뜻이다. 이는 강연 전체를 관통하는 핵심어로, 사이먼 시넥이라는 사람의 철학을 전 세계인에게 각인시켰다.

감정 지능이 언어에 스며들어야 한다

공감을 기반으로 한 언어는 듣는 사람의 감정을 움직임으로써 강력한 설득력을 발휘한다. 상대방의 이야기에 귀를 기울이고, 필요한 순간에 따뜻한 말 한마디로 감정적 연결고리를 만든다면 '정보'만이 아니라 '울림'까지 함께 전한다. 이러한 언어 습관은 듣는 이에게 영감과 감동을 경험하게 해준다.

언어는 퍼포먼스이며 철학이다

리더는 말할 때마다 브랜드의 방향성을 보여줘야 한다. 글로벌 CEO들은 기자회견, 투자자 미팅, 내부 회의 등 다양한 상황에서 자기 브랜드를 강화할 수 있는 스피치 전략을 구사한다. 예를 들어, 버진그룹의 리처드 브랜슨은 유머와 솔직함, 그리고 예상치 못한 에피소드를 적절히 섞어 사람들의 관심을 집중시킨다. 그의 자유롭고 유쾌한 언어는 '도전적이고 혁신적인' 버진그룹의 이미지를 자연스럽게 각인시켰다. 리더의 말은 곧 브랜드다.

언어는 시장을 움직인다

인플루언서 마케팅의 시대에는 말 한마디가 시장을 움직인다. 인플루언서와 CEO의 말은 전략적으로 관리해야 할 자산이다. 말이 단순한 소통 수단을 넘어 브랜드 가치를 폭발적으로 증폭시킨 사례는 쉽게 찾아볼 수 있다. 영향력이 커진 만큼 리스크도 있다. 일관성과 진정성을 잃는 순간 브랜드 신뢰도는 하락한다. 말은 마케팅 시장에서 강력한 무기가 될 수 있지만, 부메랑처럼 되돌아와 손실을 유발할 수도 있다.

실제로 한 글로벌 패션 CEO는 인터뷰에서 공격적인 언어를 사용하면서 브랜드의 이미지에 큰 타격을 입었다. 그 결과는 소비자 신뢰의 추락과 매출 손실이었다. 단정하고 투명한 언어로 소통하는 애플 CEO 팀 쿡의 사례에서 배워야 한다. 꾸밈이 없으며 진정성이 담긴 그의 말 한마디는 제품보다 먼저 시장을 움직였다. 그 결과는 우리가 잘 알고 있듯이, 브랜드 가치와 매출 상승이었다.

따라서 성공을 추구하는 사람이라면 자기 언어 습관을 살펴보아야 한다. 무심코 쓰는 단어, 반복되는 말버릇, 과장된 표현은 없는지, 언어 안에 자기 브랜드를 구축하고자 하는 노력이 배어 있는지 점검해보자. 그리고 다음과 같은 질문에 답해보자. 오늘 나는 '긍정의 단어'를 사용했는가? 내 말에 '진정성'이 담겨 있는가? 상대의 말을 잘 '경청'했는가?

말은 곧 당신이다. 한 사람의 정신과 존재를 드러내는 수단이자, 기회와 부를 설계하는 강력한 도구다. 한 단어, 한 문장의 힘을 깨닫고, 그 힘으로 당신의 브랜드 가치를 키워라. 당신의 말 한마디가 오늘 하루를 바꾸고 내일의 자산이 될 수 있다.

강력한
스피치의
원리

스피치는 한 사람의 내면과 비전을 외부 세계에 전하는 역할을 한다. 우리는 이를 통해 상대방이 어떤 사람인지, 발전 가능성은 얼마나 되는지 판단한다. 따라서 강력한 스피치는 신뢰를 구축하고 사람들의 행동을 이끌어내며, 개인과 조직의 브랜드 가치를 획기적으로 끌어올리는 전략 자산이 된다.

세계적인 강연 플랫폼인 TED를 보면 이러한 사실을 확인할 수 있다. TED 강연자들은 저마다의 전략으로 청중의 마음을 움직인다. 이들의 공통된 특징은 메시지의 명확성과 단순함, 그리고 진정성이다. 앞서 말한 사이먼 시넥의 "Start with Why"는 복잡한 이론으로 설득하지 않는다. 단순한 구조 안에서 핵심 메시지를 정확히 전달함으로써 청중의 마음을 사로잡았다. 단순하지만 명쾌하고 설득력을 갖춘 그의 강연은 전 세계 비즈니스 리더와 창업가들에게 깊은 인사이트를 심어주었다.

전 미국 퍼스트레이디이자 작가인 미셸 오바마Michelle Obama 역시 강력한 스피치로 유명하다. 그녀의 연설은 개인적인 이야기와 공공 메시지를 조화롭게 전달하며 청중과 감정적으로 연결된다. 유명한 "When they go low, we go high(그들이 저급해질 때, 우리는 고귀하게 나아가자)"라는 표현이 대표적이다. 단순하면서도 강렬한 이 문장은 그녀의 리더십과 철학을 대변하는 동시에, 불의에 저항하는 긍정과 희망을 담아냈다. 이는 곧 부정적 상황에서도 품위를 지키겠다는 '행동 기준'으로 기능했다. 그녀의 태도와 철학을 담은 연설은 글로벌 무대에서 강한 영향력을 만들어냈으며 미셸 오바마라는 브랜드를 더욱 견고하게 했다.

강력한 스피치는 논리와 감정의 균형 속에서 완성된다. 청중은 논리적인 말만으로는 움직이지 않는다. 감정과 공감, 자신과 연결되는 메시지를 만날 때 비로소 행동에 나선다.

스피치에는 일관성과 반복의 힘이 필요하다. 반복은 청중에게 메시지를 놓치지 않도록 도와주며, 일관성은 말하는 이의 신뢰도를 높인다. 시시때때로 다른 말을 하는 사람을 누가 믿을 수 있겠는가? 남아프리카공화국 최초의 흑인 대통령인 넬슨 만델라는 국민에게 자유와 화합의 메시지를 반복적으로 제시했다. 이를 통해 국민적 신뢰를 구축하고 사회 통합과 변혁을 이끌면서 세계적인 리더가 되었다. 그의 스피치는 단순한 정치적 수사를 넘어 역사적 물줄기를 바꾸는 강력한 힘을 보여주었다.

또한, 스피치는 퍼포먼스와 결합할 때 더욱 강력해진다. 보디랭귀지, 시선, 목소리 톤과 속도, 적절한 멈춤 등은 설득력을 극대화하는 요소다. 무대 위 연설가들은 말뿐 아니라 몸 전체로 표현한다. 이를 통해 청중과 심리적 연결을 강화하면서 메시지를 효과적으로 전달한다.

주의할 점도 있다. 한 글로벌 기업의 CEO는 제품 발표 중 과도한 제스처와 억지스러운 감정 표현으로 역효과를 불러왔다. 청중은 이를 진정성 없는 연출로 받아들였고 그 결과 브랜드 평판이 나빠지면서 매출이 하락했다. 이는 스피치에서 진정성과 자연스러움이 얼마나 중요한지를 보여주는 사례다.

스피치는 나의 가치와 정체성을 외부에 각인시키는 기회다. 스피치의 목적·구조·핵심 메시지를 명확히 설계하고, 감정과 퍼포먼스를 균형 있게 조율하는 것이 실전에서의 경쟁력을 결정한다. 다음 내용을 점검하면서 스피치로 나를 브랜드화할 계획을 세우고 실행하자. 작지만 꾸준한 매일의 실천이 존재감을 확산시키고 부를 불러들인다.

말과 행동을 자산으로 전환하는 3단계 실행 전략

강력한 스피치는 타고나는 것이 아니라 반복과 루틴의 산물이다. 다음 3단계 실행 전략으로 스피치를 강화하고 말과 행동을 브랜드 자산으로 전환해보자.

1단계: 내면 점검과 자기 인식
질문 1
오늘 나의 태도는 내가 지향하는 가치와 일치하는가?
질문 2
나는 신뢰를 쌓는 말과 행동을 하고 있는가?
실행 1
매일 아침 5분, 거울 앞에서 표정, 말투, 시선, 에너지 점검하기
실행 2
자신의 감정을 말 속에 정직하게 담아 말하는 연습하기
실행 3
목소리의 톤과 속도를 의식하며 또박또박 말하는 연습하기

<table>
<tr><td colspan="1">2단계: 전략적 메시지 설계</td></tr>
</table>

질문 1
오늘 이 자리에서 내가 꼭 전달해야 할 핵심 메시지는 무엇인가?
실행 1
중요한 만남이나 발표 전, 상대의 입장에서 무엇이 중요한지 먼저 생각하기
실행 2
중요한 단어나 문장을 의식적으로 선택하고 반복하는 연습하기
실행 3
핵심 메시지를 한 문장으로 정리하고 1분 이내로 설명하는 연습하기
실행 4
말 사이에 적절한 멈춤(pause)을 활용해 메시지의 무게를 전달하기

3단계: 피드백-개선-반복의 루틴화
실행 1
매주 한 번, 신뢰할 수 있는 동료 또는 가족에게 피드백 요청하기
실행 2
개선 포인트를 메모하고, 그 주에 실제로 적용해보기
실행 3
중요한 발표나 대화를 녹음하거나 기록해 스스로 점검하기
실행 4
4주 단위로 반복하며 자신만의 루틴으로 정착시키기

07

부자는 존재감부터 다르다

사람들은 단순히 스킬이나 지식만으로 상대를 판단하지 않는다. 한 사람이 보이는 태도, 말투, 어휘, 무의식적 습관, 가치관 등을 통해 그 사람을 살핀다. 진짜 영향력 있는 사람들은 진정성을 통해 신뢰를 구축한다. 자신만의 기준과 철학을 세우고, 그 기준에 따라 일관되게 실천하고 행동함으로써 주변 사람들에게 말보다 강력한 신뢰 신호를 보낸다. 진정한 영향력은 눈에 보이는 외적 화려함보다도 '깊은 내면에서 자연스럽게 우러나는 태도'에서 시작된다. ●

크리에이터
시대의
성공 법칙

영향력 있는 사람들의 첫 번째 특징은 '일관성'이다. 예를 들어, 메타의 최고 경영자 마크 저커버그Mark Zuckerberg는 늘 같은 회색 티셔츠를 입는 것으로 유명하다. 이는 단순히 패션 습관이 아니다. '불필요한 선택을 줄이고 본질에 집중한다'는 철학을 몸소 보여주는 일종의 퍼포먼스다. 그가 보내는 일관된 메시지는 대중에게 단순함과 집중력을 보여줌으로써, 저커버그를 신뢰할 수 있는 리더로 인식하게 만들었다.

두 번째는 '차별화된 태도'다. 오늘날 주목받고 있는 글로벌 크리에이터와 1인 미디어 인플루언서들은 독창적인 시선과 해석으로 수많은 팬을 사로잡는다. 예를 들어, 한 젊은 유튜버는 재테크와 창업에 대한 콘텐츠로 유명해졌다. 그는 자신의 경험과 실패담을 솔직하게 공유하며 '가짜가 아닌 진짜'라는 메시지를 전달했다. 그렇게 '진짜를 말해주는 사람'이라는 인상을 심어줌으로써 콘텐츠 소비자들에게 깊은 신뢰를 얻었다. 수많은 사람이 그의 콘텐츠에 열광했으며 이는 곧 경제적 가치로 전환되었다. 정보 자체보다 태도, 접근 방식의 진정성이 영향력을 극대화한 대표적인 사례다.

세 번째는 '내면의 단단함'이다. 버락 오바마는 상대를 존중하며 이야기를 끝까지 듣는 태도로 잘 알려진 인물이다. 그의 존재감은 강한 언변이나 감정적인 표현이 아니라, 침착한 경청과 절제된 태도에서 만들어졌다. 오바마가 보여준 리더십의 핵심은 상대를 제압하는 말이 아니라 상대를 존중하는 침묵과 질문이었다. 이러한 태도는 따뜻함과 단단함이 공존하는 이미지를 형성했고, 그는 '편안하지만 무게감 있는 사람'이라는 신뢰를 얻게 되었다. 퇴임 이후에도 오바마는 자신의 신념과 가치관을 기반으로 출판, 콘텐츠, 강연을 통해 영향력을 확장하며 하나의 브랜드로 자리 잡았다.

오늘날 영향력은 곧 자산이다. 특히 1인 미디어와 디지털 플랫폼을 기반으로 부를 창출하는 '크리에이터 경제Creator Economy'의 부상은, 많은 변화를 불러왔다. 개인이 자기 신념과 철학을 기반으로 스스로 브랜드를 만들고 수익을 창출할 수 있는 시대가 열린 것이다. 이제 팔로워와 구독자 수는 인기도를 따지는 숫자가 아니다. 그 사람의 가치관과 태도에 공감한 사람들의 총합이다. 전통적인 소비 패턴이 바뀌고 있는 요즘, 이러한 영향력의 중요성은 더욱 커졌다. 실제로 MZ세대는 브랜드나 리더를 선택할 때 '무엇을 제공하느냐'보다 '어떤 태도로 세상을 대하고 있는가'를 더 중요하게 평가한다는 조사 결과가 있다.

영향력은 대중만을 향한 것이 아니다. 기업 내에서의 팀, 조직, 동료와 같은 네트워크 안에서도 강력하게 작용한다. 전 스타벅스 CEO 하워드 슐츠는 직원과의 일상적 대화, 심지어 커피 한 잔을 내리는 순간에도 '사람 중심'의 가치를 실현하고자 애쓴 인물로 알려져 있다. 그의 일관된 태도는 전 세계 매장 직원들의 서비스 문화가 되었고, 스타벅스라는 브랜드의 철학이 되었다.

영향력은 하루아침에 만들어지지 않는다. 일상의 루틴, 의사 결정 방식, 위기 대응 태도 등 삶의 다양한 측면에서 쌓은 내공의 결실이다. 오랜 시간에 걸쳐 축적되고 반복되면서 빚어진 결과다.

한 유명 스타트업 대표는 멋진 비전을 제시했지만, 겉보기와 달리 조직 내부에서는 독선적이고 일관성 없는 태도를 보였다. 결국 직원들의 신뢰를 잃고, 투자자와 핵심 인력이 이탈하는 결과를 맞았다. 영향력은 결코 말로 외친다고 해서 만들어지지 않으며, 일관성 있는 태도와 실천이 필요하다는 사실을 여실히 보여주는 사례다.

존재감을 무대 위에서 발산되는 카리스마쯤으로 오해해서는 안 된다. 그것은 조용히 공간을 채우는 에너지, 상대방의 마음을 사로잡는 따뜻한 기운이다. 이는 일관된 가치관에서 비롯된다. 일상에서 보여주는 작은 태도 하나하나가 당신의 존재감을 만든다. 이는 곧 사람들을 움직이는 브랜드가 된다. 오늘부터 나의 태도와 말 한마디, 선택 하나하나를 점검해보자.

"이 선택은 나의 브랜드 가치를 높이는가?"

"나는 지금 어떤 태도로 세상을 마주하고 있는가?"

매일 아침 스스로에게 질문해보라. 긍정의 대답이 늘 때마다 당신의 영향력은 단단해질 것이다. 작은 습관 속에 숨겨진 진짜 영향력이 당신에게 기회를 만들어줄 것이다.

차별화된 사람은
'어떤 방식'으로
일하는가?

성취하는 사람은 일만 잘하는 사람이 아니다. 일하는 방식에 관한 철학과 태도에서 본질적인 차이를 느낄 수 있다. 이들에게 일은 단순한 업무 수행이 아니라, 자기 정체성과 신념을 구현하는 무대다.

미국 심리학자 윌리엄 제임스William James는 "태도를 바꾸면 운명이 바뀐다"고 했다. 이 말을 성과에 대입하면, 일하는 방식을 달리했을 때 생산성과 효율성이 증대하는 차원을 넘어, '나'라는 브랜드의 운명을 가른다는 점을 시사한다. 한편 아리스토텔레스는 이렇게 말했다. "탁월함은 행위가 아니라 습관이다." 한 번의 행동이 아니라 매일매일 실천하는 것의 중요성을 강조한 것이다. 두 인물의 말을 종합하면, 처음부터 커다란 목표를 세우고 이를 과시하는 사람보다 조용하고 차분히 일상적 목표에 집중했을 때 성취를 얻을 수 있다는 뜻으로 해석할 수 있다.

예를 들어, 조직 내에서 프로덕트 매니저Product Manager, 제품·서비스 기획 책임자와 프로덕트 오너Product Owner, 제품·서비스 개발 책임자는 '일이 되게 하는 사람'으로 불린다. 이들에게는 다양한 역량이 요구되는데, 특히 문제 해결 능력과 추진력은 물론, 이해관계자들 사이를 조율하고 갈등을 관리하는 소통력 등이 중요하다. 이들은 조용히 목표를 추진하고 관리한다는 의미에서 '침묵의 기술'을 갖춘 사람들로 불린다.

사람들이 공감하는 현대 경구 중에 "모든 인간의 불안은 자신이 말하지 않아야 할 때 말하고, 말해야 할 때 침묵하는 데서 비롯된다"는 말이 있다. 성취하는 사람들은 말을 아끼고, 타이밍을 정확히 읽으며, 감정적 반응을 절제하고 행동으로 상황을 이끈다. 이는 강력한 리더십을 구축하면서, 상대방에게 깊은 신뢰와 존경을 불러일으킨다.

또한, 성취하는 사람들은 습관의 메커니즘을 정확히 이해하고 있다. 새로운 시도가 습관으로 굳어지게끔 자신만의 실천 루틴을 만들고 유지한다. 예를 들어, 이들은 다음과 같은 원칙을 스스로 만든다.

"하루를 설계하는 아침 10분" "자신을 점검하는 저녁 5분" "결정을 앞두고 스스로에게 묻기: 이 선택은 나의 철학과 일치하는가?"

리더로서 정교하게 설계한 루틴은 개인의 성장을 넘어 조직 문화와 시장 흐름까지 바꾸는 동력이 된다. 실제로 구글의 순다 피차이는 매일 아침 "오늘 내가 내리는 모든 결정이 구글의 핵심 가치와 맞는가?"라는 질문을 반복한다고 한다. 이러한 실천은 혼란 속에서도 기준점과 방향을 잃지 않게 하는 한편, 조직의 신뢰 자산을 견고히 지키는 기반이 되었다.

반대로 한 글로벌 스타트업 CEO는 초기에는 탁월한 아이디어와 빠른 실행력으로 주목받았지만, 팀원들과의 철학 공유와 관계 정립에 소홀했다. 결국 내부 균열과 신뢰 붕괴로 이어졌고, 투자자와 핵심 인재들이 이탈하면서 브랜드 가치가 추락했다. 이 사례는 '무엇을 했는가'보다 '어떻게 했는가'가 성패를 가르는 결정적 기준이라는 점을 잘 보여준다.

성취하는 사람들은 단순히 성과만으로 평가받지 않는다. 그들이 어떤 선택을 하고, 어떤 태도를 유지하며, 어떤 방식으로 문제를 해결하는지가 더욱 주목받는다. 이들은 '자기 방식'을 고집하기보다는, 상황과 관계에 따른 최적의 전략을 선택하는 유연성을 발휘한다. 유연하면서도 흔들리지 않는 원칙이야말로 이들이 가진 진정한 힘이다. 오늘날 주목받는 리더들을 살펴보면 유연성과 강인함을 고루 갖춘 이들이 대다수라는 점을 발견할 수 있다.

결국 일하는 방식이 그 사람의 브랜드가 된다. 반복되는 루틴이 원칙과 습관이 되고, 그 습관과 원칙이 경제적 자산이 된다. 따라서 지금 당신에게는 다음과 같은 질문이 필요하다.

"중요한 순간, 집중하며 침묵할 수 있는가?" "일상에서 '고요한 습관'을 지켜낼 수 있는가?" "흔들릴 때도 나의 기준을 놓지 않는가?"

점검이 끝났다면 이번에는 일하는 '방식'을 점검해보자.

"선택의 기준, 행동의 일관성을 잘 지키고 있는가?" "말할 때와 침묵할 때를 알고 있는가?"

일상의 작은 실천과 침묵의 메시지가 쌓여 우리를 성취하는 사람으로 만든다. 차별화된 존재감을 만들고, 그 존재감이 더 큰 기회와 부를 끌어내는 자산이 된다.

존재감을
형성하는
다섯 가지 요인

존재감은 카리스마와 다르다. 한 사람이 만들어내는 에너지, 태도, 시선, 공간 장악력, 그리고 일관된 태도가 빚어내는 총체적 분위기이자 인상이며 에너지다. 존재감은 그 사람이 속한 공간의 분위기를 바꾸고 개인의 신뢰도를 높이며, 경제적 기회를 창출한다. 그렇다면 존재감을 형성하는 요인들은 무엇이 있을까?

눈빛의 힘: 단숨에 신뢰를 잡는 감정 언어

눈빛은 보는 이의 마음을 꿰뚫고, 단숨에 신뢰를 이끌어낸다. 예를 들어, 넷플릭스의 공동 창업자 리드 헤이스팅스는 인터뷰나 타운홀 미팅에서 청중의 시선을 놓치지 않음으로써 직원과 투자자 모두의 신뢰를 얻었다. 그의 차분하면서도 단단한 눈빛 앞에서 사람들은 진심과 투지를 읽어냈다. 이는 넷플릭스가 새로운 시도를 할 때마다 시장의 지지를 유지하는 데 큰 힘을 발휘했다.

진솔함의 힘: 공감대가 만들어내는 연결의 힘

차분하게 집중하는 사람은 인간적 에너지를 발산한다. 최근 많은 유튜버가 자신의 재테크, 창업, 실패 경험을 솔직하고 담담하게 전하면서 구독자들에게 깊은 공감을 얻고 있다. 그들은 차분한 목소리와 집중된 에너지로 시청자에게 다가갔다. 일관된 태도와 에너지는 엄청난 조회 수로 이어졌으며 단순한 정보 전달용 채널을 뛰어넘어 커다란 경제적 성과를 냈다. 그들은 이제 성공한 유튜버일 뿐 아니라 '개인 브랜드의 자산화'를 이룬 대표적 사례로 자리 잡았다.

공간 장악력: 무대와 관계를 리드하는 기운

공간 장악력은 무대와 카메라 앞에서만 발휘되지 않는다. 기업과 브랜드의 성공을 좌우하는 제품 발표회장이나 설명회에서 특히 빛을 발휘한다. 이때 리더의 공간 장악력은 그 효과가 즉시 나타난다. 예를 들어, 글로벌 뷰티 기업의 창업자였던 에스티 로더Estée Lauder는 대규모 투자 프레젠테이션에서 무대를 자연스럽게 활용하며, 청중의 시선을 리드하고 감정을 유도하는 데 탁월한 능력을 발휘했다. 그녀의 퍼포먼스는 신뢰 신호가 되어 투자 결정과 파트너십 성사로 이어졌다. 결과적으로 강력한 공간 장악력은 투자자와 소비자의 결정을 유도하는 중요한 요인이 되었다.

위기의 순간에 더욱 빛나는 리더십

진짜 존재감은 위기 상황에서 더욱 빛을 발한다. 뉴질랜드 총리를 지낸 재신다 아던Jacinda Ardern은 코로나19 팬데믹 당시 세계적으로 주목받은 정치인이다. 질병 확산기에 강력한 방역 정책을 펼친 그녀는 단호하면서도 부드러운 태도로 국민들을 안심시켰다. 침착한 눈빛, 차분한 톤, 명확한 메시지는 진정성 있는 리더십의 전형이었다. 이후 국민 신뢰도는 급격히 상승했고 정치인으로서 많은 업적을 남길 수 있었다.

시선 끌기용 퍼포먼스는 '가짜의 위험'을 만든다

한 대형 패션 브랜드의 최고 마케팅 책임자CMO가 발표나 회의 시에 과장된 몸짓과 불필요한 반복 언급으로 좋지 못한 인상을 심어준 바 있다. 문제는 이것이 일시적인 비호감에서 끝나지 않고 브랜드 가치의 훼손으로 이어졌다는 점이다. 잠깐 '시선을 끌기 위한 퍼포먼스'는 안 하느니만 못하다. 내면의 진정성과 외형적 표현이 일관성 있게 조화를 이룰 때 사람들은 그의 가치를 알아본다.

존재감은 내면의 힘이 자연스럽게 외부로 드러났을 때 만들어진다. 눈빛, 에너지, 공간을 장악하는 태도에서 진정성이 묻어날 때 비로소 그 힘을 발휘하고 인격적 자산이 된다. 이것이 바로 개인의 브랜드 가치를 극대화하고 부를 창출하는 존재감의 진면목이다.

존재감 확인을 위한 사전 점검

자가 진단 리스트(해당 항목에 표시)	
1	상황과 상대에 맞는 말투와 톤을 사용하는가?
2	내 표정과 눈빛, 제스처가 신뢰감을 주는가?
3	핵심 메시지를 간결하고 분명하게 전달하는가?
4	감정에 휘둘리지 않고 침착함을 유지하는가?
5	상대의 말을 끝까지 듣고 공감하는 태도를 보이는가?
6	중요한 순간, 진정성이 느껴지는 메시지를 전달하는가?
7	내 말과 행동이 일관된 기준을 유지하고 있는가?
8	공적·사적인 자리에서 태도의 균형을 유지하는가?
9	내 언어와 행동이 긍정적 에너지와 안정감을 전달하는가?
10	나는 내 말과 행동이 곧 브랜드라는 인식을 갖고 있는가?

결과 해석
8개 이상
이미 강한 존재감을 형성하고 있다. 지금의 태도와 기준을 유지하며 더 큰 영향력을 확장해보자.
5~7개
좋은 기반을 갖췄지만 존재감이 일관되게 드러나지는 않는다. 말과 태도, 메시지를 의식적으로 정렬하는 연습이 필요하다.
4개 이하
존재감의 기반이 아직 약하다. 눈빛, 말투, 태도 같은 기본 요소부터 다시 점검하며 루틴을 만들어야 한다.

PART · 3

돈을 부르는 스타일링

08

첫인상이 많은 것을 결정한다

스타일은 단순히 외형 꾸미기에 머물지 않는다. 스타일은 시각적 이미지로 신뢰를 구축하는 것으로 자기 정체성의 확장이자 부의 언어이다. 스타일을 통해 우리는 말하지 않고도 자기 가치관과 철학, 태도를 전달할 수 있다. 오늘날 성공한 리더와 창업가, 글로벌 인플루언서들이 강조하는 자산 중 하나가 바로 스타일이다. ●

스타일은
그 사람의
언어다

우리는 낯선 상대를 만났을 때 극히 짧은 순간에 첫인상을 결정한다. 우리 눈을 통해 들어오는 정보는 옷의 차림새와 색상, 자세, 걸음걸이, 그리고 눈빛 등을 포함한다. 이를 종합하여 그 사람을 판단하는 것이다.

전설적인 패션 디자이너 조르지오 아르마니Giorgio Armani는 이 점을 아주 잘 알고 있었다. 그는 "스타일은 자신에 대한 존중과 타인에 대한 배려가 함께 어우러진 언어"라고 말했다. 아르마니는 이러한 디자인 철학과 일관된 태도로 글로벌 럭셔리 시장을 지배하며, 막대한 경제적 가치를 창출했다.

또한 스타일은 '부의 품격'을 말해준다. 샤넬 창립자 코코 샤넬(본명은 가브리엘 보누르 샤넬이며 '코코'는 그의 예명이다)은 "패션은 사라지지만 스타일은 영원하다"고 강조했다. 이 말은 패션이 한 사람의 태도와 사고방식, 인생을 대하는 관점까지 포함한다는 의미이다. 샤넬은 이러한 철학을 바탕으로 패션의 새 시대를 열었다. 샤넬 하면 떠오르는 클래식한 블랙 원피스와 진주 목걸이는 절제된 우아함과 내적 자신감을 상징한다. 지금도 여전히 글로벌 엘리트 여성들의 '권력의 유니폼'으로 사랑받는 이유다.

오늘날 MZ세대와 글로벌 리더들은 '개인의 고유성'을 중요한 스타일 자산으로 여긴다. 이들에게 스타일은 유행 수단이 아니라, 자신을 각인시키는 시각적 언어다. 이 흐름을 가장 극명하게 보여주는 인물이 바로 킴 카다시안Kim Kardashian이다. 킴은 미국의 미디어 인물이자 사업가로 글로벌 브랜드 제국을 구축했다. 리얼리티 쇼 출연으로 대중에게 알려졌지만, 그녀를 진짜 성공으로 이끈 것은 자신만의 스타일이었다. 그녀는 외형적 이미지를 일관된 스타일로 설계하며, 설명 없이도 인식되는 정체성을 만들어냈다. 실루엣을 강조한 패션, 반복적으로 사용되는 컬러와 라인, 단번에 인식되는 외형적 정체성은 그녀를 '호불호를 넘어 기억되는 존재'로 만들었다. 이는 곧 브랜드의 완성도를 의미한다. 킴은 호감보다 기억을, 무난함보다 선명함을 선택했고 자신의 스타일을 뷰티, 패션, 라이프스타일 전반으로 확장하며 막대한 경제적 가치를 창출했다.

스타일은 또 하나의 커뮤니케이션 수단이다. 미니멀함, 반복되는 복장, 절제된 선택은 그 사람이 어떤 가치와 세계관을 지니고 있는지 말보다 빠르게 드러낸다.

스타일의 본질은 자신감과 절제, 그리고 일관성에 있다. 일론 머스크는 블랙 터틀넥과 심플한 청바지로 '혁신적이고 미래 지향적인' 이미지를 공고히 하며, 자신의 비전을 시각적으로 전달해왔다. 이는 개인 차원의 패션을 넘어, 브랜드 정체성을 강화하고, 투자자와 시장 참여자들에게 강력한 메시지를 전달하는 전략이었다.

그리고 이제 Z세대가 그 흐름을 새롭게 쓰고 있다. 그들은 단순히 옷을 잘 입는 세대가 아니라, '자신을 연출하는 세대'다. 20대의 젊은 기업인 재스퍼 카마이클-잭Jaspar Carmichael-Jack은 금융기술 스타트업 아티잔Artisan을 설립해 3,500만 달러 투자를 유치했다. 그는 "젊은 세대는 시선을 끄는 데 필요한 행동을 주저하지 않는다Young people are just more willing to do what we need to get eyeballs"고 말한다. 주목받기 위해 과감히 행동하고 자신을 브랜드로 설계하는 데 두려움이 없는 세대임을 강조하며, 젊음 그 자체를 경쟁력으로 인식한다. 이러한 행동의 기민함, 다시 말해 '보이는 것'을 전략적으로 활용해 관심을 끌어내는 그의 방식은, 스타일이 곧 자산이 되는 시대정신을 상징한다.

패션 산업에서도 변화는 분명하다. 호주 브랜드 화이트 폭스 White Fox는 Z세대가 주도하는 소비 트렌드를 타고 세계적으로 성장했다. 그들은 감각적인 패션지 룩북look book과 SNS 중심 마케팅으로 'Z세대에 의해 만들어진 브랜드'라는 평가를 얻었다. 시드니 전역의 버스 광고와 전 세계 인플루언서와의 협업으로 인지도를 키운 이 브랜드는 스타일과 이미지를 자산으로 전환시켰다. 이것이 바로 현대의 스타일 자본 → 이미지 → 브랜드 → 자산의 선순환 구조다.

스타일은 '무언의 행동'이기도 하다. 걷는 자세, 앉는 태도, 손동작 등 사소한 몸짓들이 스타일과 함께 시너지를 이루어 한 사람의 '존재감'을 완성한다. 이러한 존재감은 네트워크에서 중요한 기회를 불러오고, 비즈니스 현장에서 신뢰를 만들어낸다.

"스타일은 부富의 언어다." 이 말은 수사적 표현에 머물지 않는다. 스타일은 말보다 먼저 상대방의 마음을 훔친다. 나를 기억하게 하며, 나아가 경제적 자산으로 전환된다. 작은 액세서리 하나, 깔끔한 구두, 다려진 셔츠 한 장이 곧 나의 가치를 대변한다.

스타일을 소비 양식으로만 여겨서는 안 된다. 스타일을 나만의 자산으로 재정의하자. 매일의 선택이 당신의 브랜드를 만들고, 그 브랜드는 당신을 부의 한가운데로 데려다 놓을 것이다.

0.13초의
이미지 자산

0.13초. 이것은 인간이 호감과 비호감의 경계에서 첫인상을 판단하고 결정짓는 시간이다. 2006년 미국 프린스턴대학교 심리학과의 연구에 따르면 우리는 이 짧은 시간 안에 상대의 신뢰도와 능력, 친근함과 유능함 등을 무의식적으로 가늠하고 평가한다. 이 판단은 단순히 인상에 머물지 않는다. 인간관계의 시작은 물론 비즈니스 기회, 협력 가능성, 투자와 고용, 구매 결정에 이르기까지 광범위한 선택의 기준으로 작동한다. 즉 첫인상은 인간적 호감의 문제만이 아니다. 기억되고 선택받는 사람으로 분류되는 순간이며, 그 자체로 기회와 부, 곧 경제적 성과로 이어지는 강력한 자산이다.

세계적 회계감사 법인인 프라이스워터하우스쿠퍼스PwC가 2023년 글로벌 CEO를 대상으로 한 설문조사에 따르면, 87%의 CEO가 "첫인상과 스타일이 경영 성과와 투자 유치에 영향을 준다"고 응답했다. 이 수치는 비즈니스 리더들이 스타일과 이미지의 중요성을 알고 있으며 이를 전략적 비즈니스 자산으로 인식하고 있음을 보여준다.

세계적인 패션 디자이너 조르지오 아르마니는 "스타일은 말보다 먼저 전달되는 언어"라고 말해왔다. 아르마니의 스타일에는 과시도, 설명도 없다. 불필요한 장식을 덜어내고 선과 비율, 색의 균형만으로 '자신의 역할을 정확히 아는 사람'이라는 인상을 남긴다. 그 절제된 슈트와 간결한 실루엣은 보는 순간 신뢰와 권위를 동시에 전달한다.

애플의 공동 창업자 스티브 잡스는 늘 블랙 터틀넥과 청바지를 입었다. 그는 일관된 스타일로 혁신, 단순함, 집중이라는 메시지를 전달했다. 그의 첫인상은 애플이라는 브랜드를 상징했다. 제품 발표회에서 그가 무대에 올라서는 순간, 청중은 환호했다. 그의 말과 몸짓 하나하나를 주시하며 제품 설명에 몰입했다. 애플의 철학을 반영하는 그의 스타일은 결과적으로 수십억 달러의 가치를 창출했다고 평가받는다.

글로벌 뷰티 기업의 창업자인 에스티 로더는 공식 행사와 투자자 미팅에서 항상 절제된 세련미와 고급스러움을 강조한 것으로 유명하다. 그녀의 스타일은 단순한 취향이 아니라 첫 만남의 순간에 신뢰를 선점하기 위한 전략이었고, 이는 글로벌 파트너십과 유통 확장으로 이어지며 브랜드의 장기적인 경제적 가치를 끌어올리는 핵심 자산으로 작용했다.

첫인상의 힘은 오프라인에 국한되지 않는다. 디지털 환경에서의 '첫 화면 인상' 역시 동일한 효과가 있다. 한 연구에 따르면, 소셜네트워크 프로필 사진이 채용에 영향을 미친다는 사실이 밝혀졌다. 소셜네트워크 서비스인 링크드인LinkedIn에 걸린 지원자의 프로필 사진을 본 채용 담당자들이 단 0.13초 만에 긍정적 혹은 부정적 평가를 마쳤던 것이다. 이는 서류 심사나 면접에도 결정적인 영향을 미쳤다. 이러한 결과는 디지털 퍼스널 브랜딩이 오프라인 못지않게 중요한 시대임을 방증한다.

첫인상 관리는 단순히 '잘 보이기' 위한 것이 아니다. 그 안에는 가치관, 태도, 그리고 비전이 담겨 있어야 한다. 첫인상은 나라는 사람을 압축적으로 전달하는 가장 빠르고 강력한 메시지다. 오늘날 수많은 MZ 창업자들은 심플하면서도 자기만의 아이덴티티를 담은 고유한 스타일을 추구한다. 스타일과 첫인상이 취향의 문제를 떠나 개인 브랜드화를 구축하는 '무언의 언어'임을 알기 때문이다.

결국, 0.13초의 법칙은 '이미지 자산'이 핵심이다. 짧은 순간에 드러나는 당신의 표정, 옷차림, 시선, 그리고 몸짓 하나도 놓치지 않아야 한다. 오늘 선택한 당신의 셔츠 한 장이 내일의 기회와 성과를 만들어낸다는 사실을 반드시 기억하자.

시그니처
스타일을
구축하라

오늘날 성공은 능력과 성과만으로 만들어지지 않는다. 중요한 것은 우리 눈을 사로잡는 스타일이다. 성공한 사람들은 자기만의 '시그니처 스타일'을 구축하고 있으며, 이는 무형의 경제 자산으로 작용한다. 글로벌 리더와 MZ세대 창업자들 모두 스타일을 '자기 정체성의 확장'으로 여기고 개인 브랜드를 완성하는 핵심 요소로 활용한다. 이들에게 스타일은 철학적 가치를 반영하는 일관성, 전략적 스타일링, 미묘한 디테일의 관리 등을 통해 만들어지며 다음과 같은 공통점을 보인다.

첫 번째는 절제된 디테일이다. 성공한 사람들은 화려함보다는 절제와 균형을 택하며 과시보다 메시지를 중시한다. 글로벌 명품 브랜드 구찌의 크리에이티브 디렉터였던 알레산드로 미켈레Alessandro Michele는 자신만의 시그니처 아이템과 간결한 컬러 팔레트를 통해 우아함과 카리스마를 동시에 표현했으며 '럭셔리 = 절제된 품격'이라는 브랜드 가치를 시각화했다.

두 번째는 컬러 전략이다. 글로벌 스타일 트렌드 리서치 기업인 WGSN과 디지털 미디어 〈보그 비즈니스Vogue Business〉는 컬러를 '리더십의 심리 코드'로 정의한다. 예를 들어, 다크 블루는 지성과 신뢰를, 레드는 자신감과 에너지를 상징한다. 실제로 애플의 팀 쿡은 중요한 발표 때마다 다크 블루 계열의 의상을 착용하며, 이는 브랜드의 전문성과 기술적 신뢰성을 강화하는 역할을 한다.

세 번째는 개성 있는 실루엣과 핏에 대한 감각이다. 잘 맞는 옷은 그 자체로 '자기 관리'와 '존중'의 표현이다. 성공한 사람들은 몸에 맞는 옷을 통해 신체 비율을 최적화하고, 당당함을 드러낸다. MZ세대 창업자들은 오버핏 재킷, 모노톤 셋업 등 편안함과 세련됨을 동시에 갖춘 스타일을 선호한다. 이는 곧 '자신감 있는 절제'를 상징하며, 외적 이미지가 내면의 철학과 이어지도록 돕는다.

네 번째는 스타일의 일관성이다. 스타일은 일회성이 아니라, 시간에 걸쳐 쌓이는 브랜드 자산이다. 마크 저커버그는 늘 동일한 회색 티셔츠를 입음으로써 '선택의 피로를 줄이고 본질에 집중한다'는 메시지를 전달한다. 잡스의 블랙 터틀넥도 마찬가지다. 이는 단순한 패션 취향을 넘어서, 반복되는 하나의 시그니처가 되면서 그 사람의 일하는 방식과 가치관을 상징하는 강력한 장치가 된다. 스타일은 '반복'이 쌓여 만들어진 하나의 언어다.

다섯 번째는 가치 있는 메시지를 담은 스타일링이다. MZ세대 리더들은 '개성'과 '사회적 메시지'를 담은 스타일을 중요시한다. 친환경 소재나 로컬 브랜드 제품을 활용해 지속 가능성과 사회적 책임을 표현한다. 그들은 단순히 '멋'을 위해 입지 않는다. 기업과 개인 브랜드 철학을 '시각적 언어'로 표현한다.

마지막으로 디테일의 완성도다. 고급 시계, 간결한 가죽 벨트, 깔끔한 구두, 미니멀한 주얼리 등은 세심한 디테일 관리를 반영한다. 미묘한 차이지만, 그 차이가 전체적인 인상을 결정짓는다. 디테일은 무의식적으로 상대방에게 신뢰와 품격을 전달한다. 실제로 비즈니스 미팅에서 단정한 구두와 깔끔한 액세서리를 착용한 사람은 그렇지 않은 사람보다 34% 더 신뢰받는다는 연구 결과가 있다.

성공한 사람들의 스타일에는 '보이는 것' 이상의 철학이 담겨 있다. 스타일은 단순히 잘 차려입는다고 해서 만들어지지 않는다. 태도와 가치관, 그리고 자신이 걸어가고자 하는 방향성을 한 눈에 전달하는 언어, 즉 '어떤 메시지를 보여줄 것인가'에 대한 명확한 설계이자 '자기 철학의 시각화'가 있어야 한다.

한국의 차세대 리더에게서도 이러한 점을 확인할 수 있다. 그들은 스타일을 통해 영향력을 넓혀간다. 대표적인 핀테크 기업인 토스Toss의 이승건 대표는 스타일을 통해 '디지털 신뢰'를 시각화한다. 깔끔한 셔츠, 단정한 톤, 불필요한 장식이 없는 스타일은 '안정적 금융 플랫폼'이라는 이미지 그 자체다. 이러한 스타일링은 브랜드 신뢰도를 높여 토스의 시장 가치를 크게 끌어올렸다. 결국 스타일은 단순한 취향의 반영이 아닌, 경제적 영향력을 결정하는 '시각적 자산'이다. 당신이 오늘 입은 옷, 쓰는 색, 내보이는 태도 하나가 어떤 반응을 불러오는지 스스로 점검해야 한다.

그렇다면 이쯤에서 우리는 질문을 던져야 한다. "나는 나의 외적 이미지를 어떤 전략으로 설계하고 있는가?" "내가 보이고 싶은 모습과 실제 보이는 모습 사이에 간극은 없는가?"

당신의 스타일은 곧 당신의 경제적 기회와 신뢰 자산을 결정한다. 오늘 당신의 옷장과 거울 앞에서, 어떤 메시지를 세상에 보낼지 구체적으로 점검해보자.

외적 이미지를
구축하는
전략

외적 이미지 구축은 '겉모습 관리'를 넘어, 한 사람의 정체성과 방향성을 시각적으로 설계하는 일이자, 철학과 경제적 가치를 시각적으로 증명하는 행위다. 즉, '어떻게 보일 것인가'는 '어떻게 기억될 것인가'와 같은 말이다. 좋은 이미지는 당신의 브랜드가 되고, 결국 경제적 가치로 전환된다.

오늘날 우리는 온라인과 오프라인을 넘나드는 하이브리드 시대에 살고 있다. 링크드인, 인스타그램, 유튜브 등 SNS의 프로필 사진과 피드 한 줄이 개인의 신뢰도와 브랜드 가치를 결정하는 척도가 된다.

2023년 글로벌 컨설팅 회사 콘 페리Korn Ferry의 글로벌 리더십 보고서에 따르면, 채용 담당자 중 82%가 지원자의 첫인상을 SNS 이미지로 결정하며, 이 중 65%는 사진과 스타일 요소만으로 신뢰도를 평가한다고 답했다. 이는 디지털 이미지가 곧 부의 흐름과 기회를 결정하는 데 커다란 영향을 미치며, 전략적 관리가 필요하다는 사실을 보여준다.

거울 앞의 자기 점검 루틴

전략적 이미지 관리의 첫 번째 단계는 '거울 앞의 자기 점검' 루틴이다. 매일 아침 옷을 고르기 전, 오늘의 미팅 목적과 전달하고 싶은 인상을 상상해보자. 그날의 목표에 따라 색상, 핏, 액세서리 등을 세심하게 선택하는 것만으로도 상대에게 전하는 신뢰감의 밀도가 달라진다.

예를 들어, 중요한 프레젠테이션 날에는 차분한 색조의 정장과 정제된 액세서리로 메시지의 신뢰도를 높일 수 있다. 창의적인 회의에서는 개성 있는 컬러나 아이템으로 자신만의 시그니처를 드러내는 것이 좋다.

디지털 이미지 확장 전략

당신의 링크드인 프로필 사진, 이메일 서명, 줌 미팅 시 배경과 복장까지도 모두 '이미지 자산'으로 작용한다. 미디어 기업 포브스Forbes의 보고서에 따르면, 전문가들은 "디지털 환경에서 첫인상이 오프라인보다 훨씬 빠르게 결정된다"고 한다. 단 한 장의 프로필 사진, 첫 번째 피드의 톤과 컬러, 링크드인 헤드라인 문구까지 관리해야 할 자산이라는 뜻이다.

예를 들어, 링크드인 프로필 사진을 바꾼 후 고객 접근 인바운드Inbound 비즈니스 건수가 21% 증가했다는 한 글로벌 CEO의 고백은 전략적 이미지 설계가 경제적 성과로 이어진다는 강력한 증거다.

퍼스널 브랜딩 점검과 스타일 업그레이드

분기별로 자기 스타일을 점검하고, 내면의 변화나 커리어 성장에 맞춰 외적 이미지를 재정비해야 한다. 최근 WGSN과 〈보그 비즈니스〉는 '개인화된 이미지 큐레이션'을 미래 리더의 핵심 전략으로 꼽은 바 있다. 퍼스널 브랜딩이 잘 차려입는 차원을 넘어선 지 오래되었다. 자신만의 가치와 신념, 감정을 일관되게 전달하는 스타일링이 점점 중요해지고 있다.

예를 들어, 미국 아웃도어 브랜드인 파타고니아의 CEO 라이언 겔러트Ryan Gellert는 심플한 기능성 아우터를 통해 '지속 가능성'과 '진정성'이라는 메시지를 자연스럽게 전달한다. 넷플릭스의 리드 헤이스팅스는 깔끔하고 미니멀한 룩으로 기술적 신뢰성과 투명함을 드러낸다. 그들의 스타일은 회사의 문화와 리더십 철학을 반영하는 한편, 브랜드 신뢰도를 높이는 역할을 톡톡히 하고 있다.

컬러 전략과 액세서리의 디테일 설계

컬러는 언어보다 빠르게 감정을 전달하며, 사람들의 무의식에 강력히 각인된다. 다양한 색채는 저마다 독특한 효과를 불러일으킨다. 다크 블루는 신뢰와 전문성을, 화이트는 청결과 정직을, 레드는 에너지와 자신감을 상징한다. 글로벌 금융 리더들은 다크 블루 슈트를 자주 선택해 신뢰를, 크리에이티브 업계 리더들은 과감한 컬러로 창의성을 표현한다.

고급 시계, 미니멀한 벨트, 절제된 주얼리와 같은 디테일은 세심함과 프로페셔널함을 시각적으로 전달한다. 런던 대학교의 런던비즈니스스쿨London Business School 연구에 따르면, 깔끔한 액

세서리를 착용한 리더는 그렇지 않은 리더보다 27% 더 높은 신
뢰 점수를 받았다.

비언어 커뮤니케이션과의 조율

스타일은 시각적 언어이기 때문에 표정, 제스처, 말투, 눈빛
과 자연스럽게 어우러져야 한다. 정제된 옷차림을 하고도 태도
가 조화롭지 않으면 오히려 신뢰를 깬다. 스타일은 옷에서 끝나
는 것이 아니라, '당신 전체의 태도'와 연결되어야 진짜 매력이
된다.

외적 이미지를 소비나 멋과 연결 지어서는 곤란하다. 그것은
곧 철학이자 정체성이며 부의 흐름을 바꾸는 보이지 않는 자산
이자 미래 설계 도구다. 당신의 옷장이 단순히 수납공간이어서
는 안 된다. 매일 아침, 당신이 차려입는 옷 한 벌, 선택하는 컬
러, 액세서리 하나까지 관리의 대상이다. 당신이 선택한 스타일
은 세상에 던지는 메시지이며, 경제적 신뢰를 설계하는 출발점
이기 때문이다.

외적 이미지 강화 점검

루틴 자가 점검표

1	오늘 내가 만나는 사람과 상황에 맞는 복장을 선택했는가?
2	내 스타일이 내가 전달하려는 메시지와 일치하는가?
3	내 디지털 이미지(프로필 사진, 줌 화면 등)는 나라는 브랜드와 조화를 이루는가?
4	표정, 말투, 보디랭귀지가 스타일과 자연스럽게 어우러지는가?
5	일관성 속에 시대 감각을 반영하고 있는가?

스타일 재정의를 통한 이미지 강화

자기 스타일을 알았다면 이를 강화할 방법을 찾아야 한다. 먼저, 스타일을 소비의 도구가 아닌, 당신만의 브랜드 자산으로 재정의하자. 온라인과 오프라인 이미지를 전략적으로 점검하고, 매일의 선택을 통해 당신만의 브랜드를 완성하자. 당신이 전하는 첫 시각적 메시지가 곧 당신의 부를 결정짓는 강력한 자산임을 기억하라.

09

스타일과 품격의 경제적 효과

스타일링의 목적은 아름다움을 구현하는 데 있지 않다. 스타일은 한 사람의 철학과 가치를 압축적으로 보여주는 강력한 비언어 자산이다. 따라서 정제된 디테일, 행동의 절제, 시선과 말투의 조화 등 외적 디테일과 내적 태도의 조화가 중요하다. 그랬을 때 존경과 신뢰라는 보이지 않는 자산이 축적되며, 기는 결국 경제적 성과와 기회로 연결된다. ●

존경받는
스타일이란
무엇인가

샤넬의 창립자 코코 샤넬은 절제된 우아함으로 시대를 초월한 스타일을 구축했다. 블랙 드레스와 진주 목걸이라는 아이템은 샤넬 스타일을 세상에 알렸으며, 그 자체로 '우아함과 자신감'의 상징이 되었다. "패션은 사라져도 스타일은 남는다"는 그녀의 명언처럼 샤넬 스타일은 수십 년이 지난 지금도 큰 사랑을 받으며 전 세계에 자유와 품격의 메시지를 전하고 있다.

국내 사례를 살펴보자. 국내 최고의 여성 기업인 이부진은 절제된 스타일로 신뢰와 권위를 동시에 구축해왔다. 단정한 실루엣, 정제된 컬러, 우아한 액세서리는 그녀의 경영 철학과 맞닿아 있다. 이부진의 스타일은 '통제된 자신감'과 '결정권자의 안정감'을 전달한다. 이 이미지는 호텔신라와 삼성 브랜드가 지닌 프리미엄 가치와 신뢰도를 시각적으로 강화하며, 파트너와 투자자에게 말보다 먼저 설득력을 발휘하는 자산으로 작동해왔다. 그녀의 스타일은 곧 기업의 품격을 대변하는 언어다.

배우 김혜수는 자신감 넘치고 개성이 분명한 스타일로 '지적인 카리스마'를 각인시켜왔다. 그녀의 스타일은 단순하거나 억제된 방식이 아니다. 과감한 실루엣과 색, 분명한 메시지를 담은 선택을 통해 '나는 나를 통제할 수 있는 사람'이라는 인상을 전달한다. 공식 석상에서 보이는 과감하고 분명한 표현은 화려함 속에서도 균형을 잃지 않으며, 존재감이 곧 신뢰로 전환되는 지점을 정확히 알고 있다. 이런 이미지는 배우로서 정체성을 강화하는 동시에 광고 시장에서 강력한 설득 자산으로 작동해왔다. 김혜수의 스타일이란 자기 확신이 흔들리지 않도록 잘 관리되고 설계된 상태임을 보여주는 대표 사례다.

현대자동차그룹 회장 정의선은 책임감과 안정감을 시각적으로 전달하는 리더로 인식되어 왔다. 권위적인 정장 차림보다, 편안하면서도 단정한 비즈니스 캐주얼을 선택함으로써 유연하고 개방적인 조직 문화를 자연스럽게 드러낸다. 그의 스타일은 화려함이나 과시와 거리가 멀다. 단정한 실루엣과 절제된 컬러, 상황과 활동에 적합한 실용적인 아이템 선택은 미래 산업을 이끄는 결정권자로서의 신중함과 장기적 비전을 상징한다. 이는 현대자동차그룹이 지향하는 방향성과 가치 철학을 드러내는 비언어적 커뮤니케이션의 한 형태다. 이러한 일관된 이미지는 '책임 있는 리더십'이라는 메시지를 명확히 각인시킨다. 정의선 회장의 스타일은 리더의 외적 선택이 어떻게 기업의 신뢰 자산으로 전환되는지를 보여준다.

존경받는 스타일이란 반드시 권위 있는 위치에서만 완성되는 것은 아니다. 핵심은 자신의 역할과 시장에 맞는 이미지를 얼마나 일관되게 관리하느냐에 있다. 이 원칙은 지금 시장에 진입한 MZ세대 창업자와 크리에이터들에게도 동일하게 적용된다.

MZ 창업자와 크리에이터들은 '개인화된 이미지 큐레이션'을 통해 자신을 표현한다. 이들은 개성 있는 옷차림과 일관된 스타일로 신뢰를 쌓는다. 이러한 이미지는 시장에서 '정직한 전문가'라는 인식을 강화하고 콘텐츠의 신뢰도를 높인다. 그 결과 활동 영역은 자연스럽게 확장되고, 수익으로 연결된다. 퍼스널 스타일이 시장의 문을 여는 열쇠가 된 셈이다.

내적 품격이 스타일을 완성한다

존경받는 스타일은 절제에서 시작된다. 이 스타일이 힘을 갖는 이유는 예측 가능성을 만들어내기 때문이다. 절제된 외형과 반복되는 태도는 상대에게 이 사람이 어떤 선택을 하고, 어떤 기준으로 판단하고 행동할지를 짐작하게 한다.

비즈니스에서 신뢰란 리스크를 줄여주는 정보이며, 정돈된 스타일은 말보다 먼저 그 정보를 제공한다. 깔끔한 헤어스타일, 잘 손질된 손톱, 잘 다려진 셔츠 같은 작은 디테일이 '자기 관리의 완성도'를 드러낸다. 이는 회의, 강연, 협상 등 모든 비즈니스 상황에서 신뢰를 심어주는 비언어적 메시지가 된다.

품격은 단기적 연출로 만들어지지 않는다. 시장이 믿는 것은 순간의 인상이 아니라, 반복된 선택과 태도의 축적에서 비롯된다. 그런 의미에서 스타일은 '움직이는 철학'이다. 매일의 말투, 걸음걸이, 눈빛, 자세 하나하나가 스타일이다. 여기서 신뢰가 발생하고, 신뢰는 곧 돈의 흐름을 바꾼다.

존경받는 스타일은 하루아침에 만들어지지 않는다. "성격은 얼굴에, 본심은 행동에, 청결감은 머리에서 드러난다"는 말처럼, 스타일은 정체성을 판단하는 무의식적 단서로 작용한다. 따라서 정돈된 스타일은 삶의 밀도를 보여주며, 관계의 출발선에서 신뢰와 존중을 선점한다. 이는 강연, 회의, 협상 등 비즈니스 상황에서 중요한 경쟁력으로 작용한다.

스타일은 즉각적, 품격은 지속적 자산이다

스타일은 '호감'을 이끌고 내면의 품격은 '신뢰'를 지속시킨다. 이 둘이 조화롭게 연결될 때, 사람은 브랜드가 되고 경제적 자산이 된다. 스타일과 품격이 결합하면서 이런 변화가 가능한 것이다. 상대방의 눈길을 끄는 데 그치지 않고, 장기적인 협업과 기회를 만들어내는 힘의 원천이 된다.

오늘 당신이 입는 옷, 선택한 컬러, 공간 안에 머무는 태도 하나하나가 당신의 '경제적 가치'를 드러낸다. 스타일은 태도의 시각화이며, 품격은 지속 가능한 신뢰의 언어다. 매일의 선택과 태도, 시선과 손짓, 언어의 톤까지 스타일의 일부가 된다.

존경받는 스타일은 화려함을 지양하고, 내면의 단단함과 절제된 자신감을 드러낸다. 그러니 오늘부터 당신만의 스타일을 설계하고 품격을 연습하라. 당신이 입는 옷과 선택하는 액세서리, 그리고 태도 하나하나를 세심하게 살피자. '존경받는 스타일'을 구축해 당신만의 품격 있는 브랜딩을 완성하고, 부의 흐름을 바꾸는 주인공이 되어보자.

성공을
부르는
패션 전략

패션과 컬러는 '멋 내기'가 아니다. 그것은 당신의 가치관, 철학, 태도를 가장 먼저 전달하는 비언어적 소통 수단이자 부를 끌어당기는 전략적 언어다. 우리는 누군가를 처음 만났을 때, 상대의 옷차림과 컬러를 통해 '신뢰할 만한가?' '같이 일하고 싶은가?'를 판단한다. 이 평가는 곧 협업 기회, 매출, 투자 제안처럼 매우 구체적인 경제적 기회로 이어진다.

명품보다 중요한 TPO 전략

최근 글로벌 트렌드 분석에 따르면 스타일링에서 명품보다

'TPO'가 중요함을 알 수 있다. TPO는 시간Time, 장소Place, 상황Occasion을 뜻한다. 무엇을 입느냐보다 언제, 어디서, 누구를 만나는지에 따라 알맞게 입는 능력이 스타일링의 성패를 좌우한다는 뜻이다. TPO 룩은 그 순간의 맥락을 정확히 읽고, 상대에게 맞춤형 메시지를 시각적으로 전달하는 전략이다. 우리는 상대가 명품으로 치장했다고 신뢰를 느끼지 않는다. 그 자리에 어울리는 절제된 품격과 태도의 스타일일 때 비로소 힘을 발휘한다. 진정성을 전달하고 가치를 만들어내는 스타일링은 항상 맥락을 존중하는 데서 시작되는 것임을 잊지 말아야 한다.

이 점은 실제 글로벌 명품 매장 VIP 고객을 분석한 리포트에서도 확인된다. 해당 리포트는 가격보다 이미지가 신뢰에 더 큰 영향을 미친다고 지적한다. 값비싼 아이템 자체보다, 자신의 위치와 만남의 성격에 맞는 아이템을 선택한 고객이 주변으로부터 더 높은 신뢰 점수를 얻은 것으로 나타났기 때문이다. 이는 곧 TPO를 이해하는 감각이 중요함을 나타낸다.

대표적인 사례를 보자. 패션 예술계의 리더인 엘리노어 데 솔레Eleoanore De Sole는 공식 석상에서 화려한 명품 대신 심플한 실크 블라우스와 톤 다운된 액세서리로 우아함을 드러낸다. 이러한 선택은 각종 행사와 만남의 성격에 정확히 부합하며, 그녀의 경험과 리더십, 그리고 내면의 자신감을 자연스럽게 전달했다.

절제된 TPO 전략이 오히려 그녀를 더 주목받도록 만든 셈이다.

그들의 목적은 만나야 할 사람을 더 깊이 만나고, 얻고 싶은 기회를 더 가까이 끌어오기 위함이다. 그래서 이들은 언제나 상황에 맞는 스타일을 선택하고, 그 선택을 통해 관계와 연결의 질을 높인다. 이는 곧 스타일이 '연결'과 '기회'라는 가치를 창출하는 전략적 장치임을 뜻한다.

당신의 이미지는 세상에 던지는 첫 문장이다. 옷을 고른다는 것은, 나의 철학과 정체성을 해당 순간의 TPO에 맞는 시각 언어로 번역하는 작업이다. 따라서 진정한 스타일은 단점을 감추는 기술이 아니라 각 상황에서 나만의 장점을 극대화하는 정제된 표현이어야 한다.

사람들은 완벽함을 보기 위해 당신에게 다가오지 않는다. 사람들은 나라는 사람의 진면목을 알고 싶어 한다. 그러니 부족함에 집착하기보다, 당신의 고유한 매력을 상황에 맞게 꺼내는 연습이 필요하다. 다음을 참고해서 연령과 역할에 따라 적용할 수 있는 구체적인 스타일 전략을 살펴보자.

연령별 스타일 전략

20~30대 여성(마케팅, 미디어, 창업)

- 핵심 키워드: 개성, 당당함, 창의성.
- 추천 스타일: 컬러 블록 재킷, 포인트 액세서리, 원색 또는 파스텔 계열 톤.
- 전략 포인트: 강점은 경험보다 에너지와 가능성이다. 밝고 자신감 넘치는 스타일은 '함께 성장할 수 있는 사람'이라는 이미지를 만든다. 컬러 블록 스타일, 포인트 액세서리, 밝은 톤의 재킷으로 당당함과 에너지를 표현한다. 크리에이티브 업계 여성 창업자들은 파스텔이나 원색을 통해 신뢰와 활력을 동시에 전달하며, 자신만의 스토리를 담은 주얼리로 자신을 기억하게 만든다.

20~30대 남성(스타트업, 크리에이터, IT 업계)

- 핵심 키워드: 창의성, 자유, 유연함.
- 추천 스타일: 심플한 오버핏 재킷, 컬러풀한 스니커즈, 미니멀 디자인의 시계.
- 전략 포인트: 완벽함보다 열린 사고와 실행력을 보여주는 데 목적이 있다. 과도한 포멀함은 거리감을 만들고, 적절한

캐주얼은 협업과 대화를 부른다. 유연한 스타일은 파트너와 투자자에게 함께 일하기 편한 사람이라는 긍정적 에너지를 전달한다.

40대 이상 여성(전문직, 컨설턴트, CEO)

- 핵심 키워드: 절제, 신뢰, 깊이.
- 추천 스타일: 모노톤의 고급 원단, 실루엣 중심의 간결한 스타일링.
- 전략 포인트: 과시보다 내면의 단단함과 통찰을 드러내는 방식으로, 타인에게 깊은 신뢰를 준다. 절제된 실루엣과 고급 소재를 활용한 모노톤 스타일이 중심이다. 불필요한 과시는 피하고, 간결하면서도 깊이 있는 스타일링으로 경험, 통찰, 의사결정의 무게를 전달한다. 이는 클라이언트와 파트너에게 '신뢰할 수 있는 리더'로 인식된다.

40대 이상 남성(전문직, 금융, 법조계)

- 핵심 키워드: 신뢰, 전문성, 권위.
- 추천 스타일: 다크 네이비 또는 차콜 그레이 슈트, 실크 타이, 가죽 액세서리.
- 전략 포인트: 세심한 디테일은 카리스마와 집중력을 상징하

며, 공식 석상에서 높은 신뢰 점수를 얻는다. 권위와 신뢰를 상징하는 다크 네이비, 차콜 그레이 계열의 클래식 슈트가 필수다. 실크 타이와 커프스 버튼, 고급 가죽 벨트 등은 세련된 디테일로 신뢰도를 높인다.

나이대별 스타일 전략

- 20대: 젊음은 그 자체로 자산이다. 스트리트 감성과 개성을 드러내는 유니크한 컬러와 패턴이 좋다. 젊음이 강점인 만큼 스타일도 과감함 속에 자신감과 정돈됨이 있어야 한다. 자유로움과 관리 능력이 함께 보일 때 신뢰가 생긴다.
- 30대: 모던한 정장과 캐주얼의 조화. 간결한 포인트 컬러와 세련된 액세서리가 좋다. '일을 잘하는 사람'과 '기억되는 사람' 사이의 접점을 스타일로 설계해야 한다. 핵심은 '프로페셔널하면서도 개성 있는 나'라는 메시지를 담는 것이다.
- 40대 이상: 절제와 심플함. 고급스러운 소재를 선택하자. 신뢰와 카리스마를 전달할 수 있는 클래식 룩이 기본이며, 필요에 따라 부드러운 파스텔색으로 따뜻함을 더할 수 있다.

이상의 내용을 표로 요약하면 다음과 같다.

연령대	스타일 전략	핵심 메시지
20대	유니크한 패턴 & 스트리트 감성	정돈된 자신감
30대	정장과 캐주얼 믹스, 세련된 포인트	프로페셔널한 개성
40대 이상	절제된 클래식 & 고급 소재	신뢰와 카리스마

업종별 스타일 전략

- 금융·법조계: 신뢰와 무게감을 주는 다크톤 슈트, 깔끔한 셔츠, 가죽 구두와 클래식 시계를 추천한다. 투자자 미팅과 법정 등에서는 절제된 권위를 드러내는 것이 중요하다.
- 마케팅·광고·미디어: 트렌디한 디자인과 컬러감 있는 아이템이 좋다. 창의성과 혁신성을 전달하는 데 초점을 맞춘다.
- 교육·강연·컨설팅: 심플하면서도 친근한 이미지로 다가가자. 베이지, 네이비, 파스텔 컬러를 활용해 신뢰감을 높이고, 부드럽지만 단단한 리더십을 표현한다.
- IT·스타트업: 편안하면서도 세련된 미니멀 룩. 로고 없는 후디, 청바지, 심플한 스니커즈 등을 활용하자. 이는 열린 조직 문화와 창의적 사고를 전달한다.

업종별 스타일 전략의 핵심은 그 직업군에서 기대되는 역할을 시각적으로 충족시키는 것이다. 이상의 내용을 표로 요약하면 다음과 같다.

연령대	스타일 전략	핵심 메시지
금융·법조계	다크톤 슈트, 클래식 시계	권위, 신뢰
마케팅·미디어	트렌디한 컬러, 디자인 아이템	창의성, 감각
교육·강연·컨설팅	심플+따뜻한 컬러 조합	친근감, 전문성
IT·스타트업	미니멀 후디, 심플 스니커즈	자유, 창의

마음과 시선을
사로잡는
컬러 전략

럭셔리 브랜드는 일찍이 다양한 컬러 전략을 실행해왔다. 이들은 색을 통해 대중에게 권위와 품격을 동시에 전달했다. 대표적인 예가 코코 샤넬의 흑백 컬러 전략이다. 샤넬의 블랙과 화이트는 단순한 색 조합이 아니다. 권위와 자기 통제를 상징하는 블랙, 순수와 투명성을 상징하는 화이트를 동시에 사용함으로써 단순함 속의 절제와 시대를 초월한 품격을 동시에 전달한다. 코코 샤넬이 추구한 "간결할수록 좋다Less is more" 전략은 지금도 강력한 힘을 발휘한다.

이탈리아의 럭셔리 의류 브랜드인 로로피아나Loro Piana는 베이지·그레이 톤을 통해 고급 원단의 질감을 살리는 절제의 미학을 표현한다. 이는 과시가 아닌 신뢰와 여유를 상징한다. 또 다른 고급 브랜드 구찌의 대표색은 그린과 레드다. 구찌는 이를 통해 강렬한 개성과 예술성을 강조한다. 오늘날 고급 명품 브랜드는 공통적으로 가격이 아닌, 색의 메시지를 통해 품격을 완성하고 있다. 이는 패션산업에만 국한되는 이야기가 아니다.

IT 업계, 미디어 크리에이터, 컨설팅과 교육 분야까지 색을 통한 메시지 전달, 자기 브랜딩의 완성을 위한 컬러 선택 등이 중요한 성공 요인으로 자리 잡고 있다. 개인적인 차원에서도 컬러 브랜딩은 큰 힘을 발휘한다. 오늘날 컬러 스타일은 '그 사람답다'라는 인식을 만드는 가장 빠른 시각적 언어다.

스타일이 정체성을 대변하는 시대에 컬러 브랜딩은 상대방의 무의식에 스며드는 메시지이며, 부와 기회를 만들어내는 힘이다. 따라서 성취를 원하는 사람이라면 오늘 거울 앞에서, 옷장 앞에서 이렇게 자문해야 한다.

"나는 지금 어떤 색으로 기억되고 있는가?" "이 색은 나를 대신해 어떤 메시지를 전하고 있는가?"

퍼스널 컬러personal color는 유행에 따라 소비하는 것이 아니다. '나를 설득하는 색'을 찾는 과정이며, 내가 원하는 미래의 모습을 미리 드러내는 전략적 선택이다. 다음을 참고하여 자기 성향과 목적에 맞는 컬러 스타일링을 계획하자.

나의 컬러 브랜딩 점검하기

이미지 진단표(해당 항목에 표시)	
1	오늘 입은 옷이 만날 상대와 목적에 어울리는가? (TPO 적합성)
2	내가 주로 입는 색이 나의 성격과 에너지를 잘 반영하는가? (성향 일치도)
3	SNS, 강연, 미팅 등 나의 주요 노출 채널에서 컬러 톤이 일관적인가? (컬러 일관성)
4	내 스타일에 '이 사람답다'고 설명할 수 있는 메시지가 있는가? (브랜드 메시지 명확성)
5	컬러가 나를 돋보이게 하기보다, 본질을 가리는 장치가 되고 있지는 않은가? (불필요한 과시 여부)

결과 해석
4개 이상 해당
당신의 컬러는 이미 신뢰와 정체성을 함께 전달하는 브랜드 자산으로 작동하고 있다. 지금의 컬러 전략을 유지하되, 상황별 TPO 미세 조정으로 완성도를 높여보자.
2~3개
분명한 방향성은 있으나, 일관성과 메시지의 선명도가 부족하다. 핵심 컬러를 재정의하고 반복 노출 전략을 점검할 시점이다.
0~1개
현재의 컬러 선택은 우연에 가깝다. 지금은 컬러 브랜딩 코칭이 필요한 단계다. 색을 바꾸는 순간, 인식의 흐름부터 달라질 수 있다.

정체성을 입는 시대의
컬러와
피지컬 브랜딩

오늘날 컬러 브랜딩은 패션의 영역에 머물지 않는다. 특히 MZ세대에게 컬러는 자신을 '설명'하는 수단이자 감성적 아이덴티티다. 이들은 색을 통해 철학과 감성을 공유하며 커뮤니티를 형성한다.

'나는 왜 이 색을 선택했는가?'라는 질문에 대한 답은 곧 그 사람의 세계관과 가치관을 드러낸다. 글로벌 컬러 전문기관 팬톤Pantone은 매년 '올해의 색The Pantone Color of the Year'을 발표하면서 "컬러는 정체성의 확장"이라는 메시지를 강조한다. 이는 색의 선택이, 곧 자신을 '정의'하는 시대임을 보여준다.

MZ세대는 감정, 상황, 철학, 사회적 메시지를 컬러에 투영하며, 이를 하나의 언어처럼 활용한다. 예컨대, '밀레니얼 핑크'는 '기존의 젠더 규범에 도전하는 부드러운 힘'을 상징하고, '비바 마젠타'는 회복력과 자기표현의 강렬한 에너지를 상징한다. 이처럼 컬러는 개인의 내면을 대변하고, 집단 정체성을 강화하며, 소비와 브랜드의 연결고리로 작동한다.

그러나 컬러가 영향력을 가지려면 반드시 피지컬 브랜딩, 즉 제스처, 말투, 심지어 걷는 방식 등과 유기적으로 결합해야 한다. 스타일링은 '입는 것'은 물론 '보여주는 방식'을 포함한다. 예를 들어, 화이트 셔츠는 바른 자세와 결합하면서 깨끗함과 신뢰성을 극대화하지만 구부정한 자세나 긴장된 시선과 함께라면 그럴 수 없다. 컬러와 보디랭귀지의 조화는 피지컬 브랜딩에서 필수적이다.

심리학자이자 보디랭귀지 전문가인 에이미 커디Amy Cuddy는 "컬러는 당신의 보디랭귀지와 함께 작동할 때 진정한 설득력이 발생한다"고 강조한다. 자세, 표정, 눈빛, 제스처와 컬러가 유기적으로 결합했을 때 비로소 신뢰와 카리스마가 생긴다는 뜻이다. 예를 들어, 침착하고 여유 있는 제스처에 부드러운 톤의 컬러를 매칭하면, '따뜻한 리더십' 이미지가 형성된다. 반면, 급한 손짓이나 좁은 어깨의 긴장된 자세에 강렬한 컬러를 매칭하면, 불안정하다는 인상을 줄 수 있다.

이처럼 컬러와 피지컬 브랜딩의 통합은 특히 리더십 이미지에 결정적인 영향을 미친다. 단정한 외모, 정확한 발음, 고요한 제스처, 그리고 신뢰를 주는 컬러의 조합은 듣는 이로 하여금 '존재감'을 느끼게 만든다. 한 예로, 세계적인 테니스 선수이자 패션 아이콘인 세리나 윌리엄스Serena Williams는 경기장 안팎에서 강렬한 원색 계열을 선호한다. 이를 통해 에너지와 파워를 시각화하고, 근육질의 체형을 당당하게 드러내는 실루엣을 고수함으로써 '자기 긍정'과 '강한 여성상'이라는 브랜드를 구축했다.

또 다른 예로 유튜브 크리에이터 미스터 비스트를 들 수 있다. 그는 영상에서 밝은 블루와 핑크 컬러를 반복적으로 사용하고, 개방적 제스처와 에너지 넘치는 표정으로 '신뢰할 수 있는 선한 영향력' 이미지를 구축해 왔다. 이러한 컬러와 보디랭귀지의 일관성은 콘텐츠의 신뢰도를 높이는 동시에 대중에게 친근함과 안정감을 전달하며, 광고·후원·플랫폼 확장으로 이어지는 브랜드 자산으로 작동했다. 설계된 컬러와 피지컬 브랜딩이 영향력과 수익을 동시에 증폭시킨 사례다.

글로벌 CEO들 또한 색의 중요성을 잘 인지하고 있다. 그래서 중요한 자리에는 항상 검정이나 네이비 컬러를 선택한다. 화려하지 않고 절제된 컬러는 권위와 신뢰를 상징하며, 과하지 않은 피지컬 표현, 안정된 발성과 결합하면서 그 존재감을 키운다.

　MZ세대는 퍼스널 컬러와 피지컬 브랜딩을 자기 정체성 구축과 자기표현의 도구로 활용한다. 컬러를 통해 '내가 누구인지'를 보여주고 그에 어울리는 보디랭귀지를 설계한다. SNS 프로필 사진, 유튜브 섬네일, 영상 인터뷰, 오프라인 모임까지 아우르며 자신을 하나의 '브랜드'로 만들어간다.

　이제 스타일링은 '무엇을 입는가'를 넘어, '어떻게 입고 어떻게 움직이는가'를 설계하는 시대다. 그것은 '존재의 방식'이며, '자기 언어'이고, '눈에 보이는 설득력'이다. 컬러는 자기를 대변하는 시그니처 언어이며 피지컬 브랜딩은 이를 구현하는 리듬이다. 둘은 분리될 수 없다. 명확한 정체성, 일관된 이미지, 신뢰를 즈는 존재감은 이 둘을 통합적으로 설계할 때 비로소 완성되며, 한 사람의 경쟁력을 키우고 부를 끌어당기는 스타일링 역시 통합 전략에서 비롯된다. 따라서 이 둘의 조화야말로 품격 있는 스타일과 브랜드 경쟁력을 위한 필수 조건이 아닐 수 없다.

　이제 '시각적 브랜드로서의 나'를 디자인해야 한다. 그 시작은 '내가 누구인지' 아는 것이며, 그다음은 그것을 어떻게 드러내고 움직일 것인가를 정하는 일이다. 이 모든 과정은 '경제적 설득력'으로 연결된다. 자신만의 컬러를 입고, 태도를 분명히 하며, 바른 자세로 말하라. 그때 비로소 사람들은 당신의 브랜드를 기억하고, 선택할 것이다.

퍼스널 컬러와
스타일링
가이드

퍼스널 컬러는 피부 톤에 맞는 색 이상의 의미를 지닌다. 그것을 개인의 성향, 가치관, 라이프 스타일, 철학 그리고 지향점을 시각적으로 설계하는 전략 언어다. 글로벌 트렌드 리포트에서도 퍼스널 컬러는 단순한 미용 개념이 아닌 '시각적 정체성Visual Identity'으로 다뤄진다. 컬러는 그 사람의 에너지, 분위기, 성격, 태도, 철학을 압축적으로 전달하며, 상대의 감정과 판단에 직접적으로 작용한다.

퍼스널 컬러의 진화

과거의 퍼스널 컬러는 '잘 어울리는 색상'을 찾는 데 초점을 맞췄다. 그러나 지금은 "나는 어떤 메시지를 전달하고 싶은가"에 무게가 실린다. 파워풀한 리더십을 강조하고 싶다면 블랙·버건디·레드처럼 강렬한 컬러가 설득력을 갖고, 청결함과 신뢰, 정제된 성품을 드러내고자 한다면 화이트·네이비·베이지 같은 안정적인 컬러가 힘을 발휘한다. 퍼스널 컬러는 이제 외형을 꾸미는 기준이 아니라, 내면의 철학을 외형으로 번역하는 전략 도구로 인식되는 시대가 되었다.

하지만 바로 이 지점에서 오늘날 퍼스널 컬러 시장의 한계도 드러난다. 최근의 진단은 지나치게 유형화되고 공식화되어, 봄·여름·가을·겨울이라는 프레임 안에서 사람을 단순 분류하는 데 그치는 경우가 적지 않다. 이 과정에서 '어울림'은 남지만, 왜 그 색을 써야 하는지에 대한 목적은 사라진다. 모두가 "당신은 이 컬러입니다"라는 답은 얻지만, "그래서 이 색으로 어떤 이미지를 만들 것인가"에 대한 전략은 제공받지 못한다. 그 결과 퍼스널 컬러는 차별화의 도구가 아니라, 획일적인 스타일을 양산하는 소비 콘텐츠로 전락한다.

그렇다면 컬러는 어떻게 활용해야 할까. 진짜 퍼스널 컬러 전략은 색을 고르는 데서 끝나지 않는다. 그 색이 어떤 상황에서, 어떤 역할로, 어떤 미래를 향해 쓰일 것인가까지 설계될 때 비로소 컬러는 자산이 된다. 그래서 이 책에서는 퍼스널 컬러를 유형을 나누기 위한 진단 결과가 아니라, 상대의 인식과 판단에 작용하는 심리적 신호로 다룬다. 앞으로 살펴볼 컬러 유형별 심리와 메시지는 '나에게 맞는 색'을 넘어 '나를 어떻게 인식하게 만들 것인가'에 대한 가이드다.

컬러 유형별 심리적 메시지

각종 컬러가 주는 이미지는 한 사람의 신뢰도와 능력 등을 판단하는 데 큰 영향을 미친다. 자기 성향과 직업 등에 맞는 컬러를 활용하면 상대에게 좋은 인상을 주고 기회를 넓혀나갈 수 있다. 다음은 컬러 유형별로 주로 인식되는 심리적 메시지다.

- 봄 웜톤: 생기 있고 긍정적인 이미지. 창업가, 마케터, 크리에이터 등 혁신적이고 활발한 직군에 적합하다.
- 여름 쿨톤: 부드럽고 지적인 이미지. 컨설턴트, 교육자, 의료인 등 신뢰와 안정감이 중요한 직군에 추천한다.
- 가을 웜톤: 깊이감과 안정감을 전달한다. 경영자, 법조인, 임

원 등 무게감 있는 판단과 권위를 보여주는 자리에서 효과
적이다.

- 겨울 쿨톤: 명료하고 카리스마 있는 이미지. CEO, 강연자,
미디어 전문가처럼 메시지를 분명하게 전달해야 하는 역할
에 어울린다.

이 유형들은 나를 제한하는 틀이 아니라, 어떤 이미지를 강화
할 것인가를 선택하기 위한 참고 좌표다.

퍼스널 컬러 적용 실전 가이드

컬러 전략은 이해에서 끝나지 않는다. 실제 일상과 비즈니스
현장에서 반복적으로 사용될 때 비로소 자산이 된다. 전문가 컨
설팅이나 온라인 AI 분석 도구를 활용하면 나만의 컬러 팔레트
를 만들 수 있다. 이는 의상은 물론 액세서리, 메이크업, 헤어 컬
러까지 확장하여 적용할 수 있다. 방법은 다음과 같다.

먼저 기본 컬러 아이템을 확보하자. 컬러 팔레트 기준으로 재
킷, 셔츠, 팬츠, 원피스 등 핵심 아이템을 정리하고, 전체 옷장의
70%를 이 기본 컬러로 채운다. 그다음에 전체 룩이 단조로워지
지 않도록 포인트 컬러를 활용해 메시지를 조율한다. 예를 들어,

다크 네이비 슈트에 머스터드 옐로 스카프를 더하면 신뢰와 창의성을 동시에 표현할 수 있다.

발표나 중요한 미팅에는 다크톤 중심의 블루와 그레이 컬러를 활용해 전문성을 강화하고, 네트워킹 행사나 창의성을 강조할 자리에는 밝고 비비드한 컬러를 활용한다. 또한 계절감을 고려하여 봄·여름에는 라이트 톤과 화사한 컬러를, 가을·겨울에는 딥 톤과 무게감 있는 컬러로 이미지를 조율하는 것이 좋다.

포인트 아이템으로 시그니처 액세서리(스카프, 시계, 안경 등)를 활용해 자신만의 반복 가능한 포인트를 만드는 것도 효과적이다. 중요한 것은 상황에 따라 스타일링의 강도와 포인트를 달리해야 한다. 비즈니스 미팅이라면 다크 컬러와 간결한 라인이 좋고 네트워킹 파티라면 컬러풀한 포인트 아이템을 착용하는 것을 고려해볼 만하다. 이들 아이템과 컬러 전략은 계절과 트렌드에 맞춰 주기적으로 업데이트되어야 한다. 분기별로 컬러와 스타일을 점검하고 조정하자. 방법은 다음과 같다.

- 주간 컬러 플래너 작성: 한 주의 주요 일정에 맞게 컬러 코디를 사전에 계획한다.
- 분기별 컬러 리뷰: 계절, 트렌드, 개인 목표 변화에 따라 컬러 전략을 조정한다.

- 피드백 세션: 지인, 동료에게 컬러와 스타일에 대한 피드백을 받아 인식 차이를 점검하고 개선 포인트를 도출한다.

퍼스널 컬러와 스타일은 자신의 가치를 시각적으로 설계하는 데 필수적인 자산이다. 컬러 하나가 나의 부와 기회를 결정할 수 있다는 사실을 기억하며, 오늘부터 꼼꼼히 관리해보자. 컬러 브랜딩이 만들어내는 작은 변화 하나가 경제적 성공과 부로 향하는 가장 현실적인 출발점이 될 것이다. 이제 나만의 퍼스널 스타일을 구축하는 방법을 살펴보자. 크게 세 단계로 나눌 수 있다.

첫 번째, '나를 설명하는 세 가지 단어'를 정하는 일이다. 혁신, 신뢰, 세련됨처럼 내가 어떤 사람으로 인식되고 싶은지를 핵심 키워드로 압축한다. 이 세 단어는 이후 모든 스타일 선택의 기준점이 된다.

두 번째, 키워드를 시각 언어로 번역하는 단계다. 컬러는 다크 네이비와 크림 화이트 중 무엇을 선택할지, 소재는 울·실크·리넨 가운데 어디에 무게를 둘지 결정해야 한다. 실루엣 역시 구조적인 스트럭처드structured 스타일로 갈 것인지, 편안한 릴랙스드relaxed 무드로 설계할 것인지 구체화한다. 이러한 선택들이 모여 하나의 '나답다'는 이미지를 만든다.

세 번째, 외부 피드백과 지속적인 업데이트다. 분기별 또는 최소 연 1회, 전문가나 신뢰할 수 있는 주변의 시선을 통해 현재의 스타일이 여전히 나의 역할과 목표에 부합하는지 점검하자. 이 과정을 거쳐야 세련됨을 유지하고, 시대에 뒤처진 인상을 피할 수 있다. 빠르게 변하는 흐름에 유연하게 대응하는 능력 역시 스타일의 중요한 일부다.

이제 지금까지의 내용을 스스로 점검할 수 있도록 〈스타일 브랜딩을 위한 자가 진단표〉를 제시한다. 이 표를 통해 당신의 스타일이 감각에 머물러 있는지, 아니면 이미 자산으로 작동하고 있는지를 직접 확인해보자.

스타일 브랜딩을 위한 자가 진단

다음 체크 리스트를 참고하여 현재의 내 모습을 점검해보자.

자가 진단 목록	
1	지금 내 옷장에 현재의 나와 맞지 않는 아이템은 없는가?
2	내 스타일은 내가 중요하게 여기는 가치와 일치하는가?
3	SNS 속 이미지와 실제 나의 모습은 일관적인가?
4	컬러와 패턴은 나의 메시지를 전달하고 있는가?
5	중요한 자리에서 기준에 따른 스타일을 유지하고 있는가?
6	스타일에 나만의 태도와 철학이 담겨 있는가?
7	계절과 트렌드에 맞게 정기적으로 업데이트하고 있는가?
8	나만의 시그니처 아이템이나 컬러가 있는가?
9	스타일만으로도 신뢰와 전문성을 전달하고 있는가?
10	스타일을 통해 새로운 관계와 기회가 만들어지고 있는가?

진단 결과("예"라고 대답한 횟수)
8개 이상
당신은 이미 강력한 스타일 브랜딩을 구축하고 있다. 현재 스타일을 유지하되, 디테일과 반복 노출을 통해 신뢰와 영향력을 더욱 강화하자.
5~7개
좋은 기반은 있으나 세부적인 조정이 필요하다. 주기적으로 스타일 코칭을 받고, 시그니처 아이템과 컬러 전략을 명확히 해보자.

4개 이하

지금이 변화할 시점. 옷장 리셋, 퍼스널 컬러 진단, 스타일링 컨설팅 등을 통해 새로운 브랜딩 전략을 세워보자.

실행 전략

스타일은 가치관을 시각화해 경제적 기회를 설계하는 전략 자산이다. 다음을 참고하여 스타일을 한 단계 업그레이드하자.

- 스타일 루틴화: 매일 아침 3분 동안 거울 앞에서 "오늘 스타일이 지금의 내 목표와 맞는가?" 질문하기.

- 분기별 리셋: 매 시즌 스타일을 점검하고 트렌드를 반영하자. 새 아이템을 추가하기 전에, 불필요한 아이템을 먼저 정리하는 것이 핵심이다.

- 네트워크 활용: 스타일은 관계의 문을 여는 첫 신호다. 스타일을 활용해 새로운 사람들과의 연결고리를 만든다. 강연, 콘퍼런스, 네트워킹은 신뢰와 인상을 설계할 기회이자 실전무대가 된다.

VISUAL POWER

품격 있는
스타일링을
위한 제안

품격은 '내면'이 외형화되었을 때 자연스레 드러난다. 따라서 옷을 잘 입는 패셔니스타라고 해서 사람들에게 품격을 전달할 수는 없다. 대중은 결국 그가 어떤 원칙과 기준을 갖고 살아가는지로 판단하기 때문이다.

앞서 여러 차례 말한 바 있듯이 우리는 타인을 받아들일 때 아주 짧은 순간에 전달된 '인상'을 기준으로 한다. 믿을 만한 사람인지, 능력은 어느 정도 될지 등이 그렇게 결정된다. 그 판단의 시작점은 비언어적 신호로 그중에서도 '외적 품격'이야말로 높은 평가를 받을 훌륭한 자산이자 앞으로의 관계와 기회를 가늠하는 기준이 된다.

그렇다면 품격이란 무엇인가? 사전적으로는 "사람의 됨됨이나 성품에서 느껴지는 고상하고 기품 있는 인상"을 의미한다. 다시 말해, 고가의 명품 브랜드만으로는 결코 구축할 수 없는 영역이라는 뜻이다. 절제된 감각, 깔끔한 이미지, 조화로운 색감, 그리고 균형 잡힌 말투와 단정한 태도는 사람들에게 진정한 품격이 무엇인지 느끼게 해준다.

품격은 고요한 힘이며, 절제된 자신감의 표현이다. 따라서 품격에는 과장도 화려함도 필요하지 않다. 우리에게 필요한 것은 꾸밈의 기술이 아니라, 감정과 태도의 절제력이다. 감정의 절제와 품위 있는 언어, 느긋한 태도는 함께하는 사람의 마음을 편안하게 하고 저절로 신뢰를 불러일으킨다. 여기에는 '내면의 힘'이 필요하다. 우아한 사람은 조용히 말하고, 천천히 움직이며, 상대를 존중하고 경청한다. 말보다 몸짓으로 설득하고, 꾸준함과 일관성으로 신뢰를 구축하는 것이다. 이는 리더십의 핵심이자 고가의 마케팅을 압도하는 설득력이 된다.

우리가 아는 명품 브랜드들이 이러한 기품을 담고자 애쓰는 이유도 바로 여기에 있다. 대중은 단지 비싼 제품만을 구매하는 것이 아니다. 그 제품이 오랜 시간에 걸쳐 구축해 온 태도와 기준, 그리고 우아한 상징성을 선택하는 것이다. 결국 브랜드가 파는 것은 단지 물건이 아니라 '기준'이다. 그 제품이 구축한 이미지, 기품 있는 상징에 가치를 둔다. 브랜딩은 제품에 담긴 가치와 의미를 시간에 걸쳐 축적해나가는 과정이다. 한 시즌의 화려함이 아니라, 수십 년간 유지된 절제와 일관성이 명품을 만든다. 사람도 마찬가지다. 하루의 스타일링이 아니라, 반복되는 태도와 축적된 신뢰가 그 사람의 가치를 결정한다.

기품 있는 스타일은 겉으로 드러난 장식이 아니라 내면의 기준이 외형화된 결과다. 설명이 아닌 색감, 실루엣, 헤어스타일, 액세서리, 걸음걸이, 표정 같은 비언어적 요소에서 시작되며, 이는 그 사람의 가치관과 철학을 반영한다. 그렇기에 품격은 연출로 완성되는 것이 아니라, 습관과 태도로 증명된다. 그리고 그 증명이 반복될 때, 개인 역시 하나의 '브랜드'가 된다. 품격 있는 사람은 존중받을 준비가 된 사람이며, 기회와 신뢰 그리고 자산을 불러들일 조건을 완성한 사람이다.

우아함과 절제는 아름답다. 여기에 더해지는 섬세한 감각과 태도는 깊은 신뢰를 유발한다. 사람들은 그런 이에게 기꺼이 마음을 열고, 비즈니스 파트너로 다가간다. 실제로 명품 매장을 방문하는 VIP 고객 중 상당수는 화려함보다 절제되고 세련된 스타일을 선호하며, 이러한 고객들이 높은 구매 전환율과 재방문율을 보이는 것으로 조사되었다. 품격이 그저 좋은 인상에 그치지 않고 실질적 소비 행위와 투자를 유발한다는 증거다.

이와 같은 흐름은 전 세계 럭셔리 브랜드에서 공통적으로 찾아볼 수 있다. 과거에 럭셔리 브랜드는 금박과 보석, 화려한 로고와 장식으로 상징되었다. 하지만 오늘날은 다르다. '숨겨진 디테일'과 '절제'가 그 자리를 차지했다. "진짜 고급스러움은 보이지 않는 디테일에 있다"는 말이 있다. 단순한 실루엣과 정제된 소재, 과하지 않은 구성이 품격을 드러내는 법이다. 오늘날 소비자는 '과하지 않음'에서 고급스러움을 느낀다.

세계적 명품 의류 브랜드인 로로피아나Loro Piana는 최고급 울과 캐시미어 소재를 사용하면서도, 브랜드 로고조차 드러내지 않는 절제의 전략을 취한다. 로고가 없으니 '진짜를 알아보는 사람'만이 정체를 알 수 있다. 그만큼의 눈높이와 품격이 자연스럽게 형성되는 것이다. 이는 럭셔리 산업뿐 아니라, 개인의 이미지 설계에서도 적용된다. 과장이 아니라 숨은 디테일이 그 사람의 품격을 말한다는 인식은 이제 상식이 되었다.

디지털 매체가 커뮤니케이션의 중심이 된 지금, 이러한 전략을 어떻게 적용할지가 관건이다. 우리는 영상 콘텐츠, 인터뷰, 프로필 사진, 강연 등에서 즉각적인 정보를 얻을 수 있다. 이때 선택한 이미지 하나하나가 그 사람의 철학과 품격을 드러내는 장치가 된다.

1인 미디어 시대에는 누구나 자기를 브랜드화할 수 있다. 비싸고 화려한 옷 대신 내면의 가치를 반영하는 스타일링을 꾸준히 추구해온 사람이라면 대중의 선택을 받아 새로운 가치를 창출할 수 있다. 절제된 태도, 단정한 외형, 조화로운 스타일, 그리고 '나다움'을 일관되게 표현하는 것이야말로 진정한 품격이다. 다음을 참고하여 내게 맞는 전략을 세워보자.

첫째, 말보다 행동의 습관을 먼저 점검하라. 불필요한 움직임이나 산만한 제스처는 정리하고, 차분하고 절제된 보디랭귀지를 연습한다.

둘째, 사적인 자리에서도 공식적인 태도를 유지한다. 진짜 브랜드는 무대 위가 아니라 무대 밖에서 완성된다.

셋째, '지켜보는 사람이 있다'는 인식을 일상화한다. 언제 어디서든 평판은 조용히, 그러나 끊임없이 만들어지고 있기 때문이다.

넷째, 과도한 자기표현보다, 상대를 배려하는 태도를 택한다. 진짜 우아함은 타인을 편안하게 해주는 데서 시작되기 때문이다.

대중의 신뢰를 받는 사람들의 공통점은 '애티튜드의 일관성'이다. 말, 표정, 옷차림, 움직임이 하나의 톤을 이룰 수 있도록 나간의 기준에 따른 브랜드의 일관성을 설계하자.

스타일의 시작, 프레임 만들기

스타일은 외형 가꾸기로 끝나지 않는다. 낯선 공간에 들어서는 바로 그 순간 나를 어떻게 인식시킬 것인지에 대한 '첫 프레임'을 만드는 일이다. 프레임은 메시지를 결정한다. 표정, 시선의 방향, 호흡과 자세 같은 비언어적 신호가 신뢰의 밑바탕을 형성하고, 그 위에 이어지는 대화가 관계의 깊이를 확립한다는 뜻이다. 스타일은 낯선 이와 가장 빠르게 연결되는 지름길이며, 그 사람이 지닌 내면적 기준과 태도를 압축적으로 보여주는 즉각적인 언어다. 여기, 국적과 세대를 뛰어넘어 누구에게나 적용 가능한 '보이는 자산 설계 매뉴얼'을 소개한다. ●

시선, 거리, 자세의
설계

대화는 눈 맞춤에서 시작된다. 문화권에 따라 응시 강도와 시선 패턴에 차이가 있다. 서구권에선 직접적 눈 마주침을 자신감의 신호로 읽지만, 동아시아권은 예의 없다는 인상을 줄 수 있다. 따라서 강도를 한 단계 낮추고 부드러운 시선으로 상대가 느끼는 압박감을 줄이는 것이 좋다. 상대의 말을 받아 적는다는 느낌으로, 오래 들여다보기보다 짧고 정확하게 머물다 이동하자. 3~5초 응시 후 자연스러운 이동을 기본값으로 두고 상대의 말이 끝나면 미세한 끄덕임으로 공감 신호를 보내는 것이 좋다.

대화 시 상호 거리 역시 문화권마다 다르다. 미국인은 약 45cm 전후의 거리를 선호한다는 연구가 있다. 업무적 대화라면 팔 길이 +α(대략 90cm)를 기본 거리로 설정한다. 초면이거나 다자간 미팅이라면 여기서 시작하되, 친해지면 반걸음(약 30cm) 간격으로 좁힌다. 이러한 조절을 통해 '안전한 대화 공간'이 만들어지면 대화 자체에 몰입하면서 성과를 올릴 수 있다. 현장에서 바로 쓸 수 있는 매뉴얼은 다음과 같다.

첫 대화의 안전거리

- 시선: 입장 시 정면으로 응시하지 말고 시선을 15~30도가량 비스듬히 바라본다(압박감 감소).
- 초기 세팅: 상대 앞 약 90cm 지점에 선다(대략 팔을 뻗어도 손이 닿지 않는 거리).
- 조정: 간단한 자기소개("안녕하세요, ○○의 ○○입니다") 후에 반걸음(약 30cm) 조정하면서 상대 반응을 읽는다.
- 거울 행동으로 초점 맞추기: 상대가 반걸음 뒤로 물러나면 당신도 반걸음 뒤로, 상대가 앞으로 다가오면 당신도 다가서면서 적정 거리를 맞춘다.

조정 신호 해석하기

- 발끝이 당신을 향하면 거리 축소 허용 신호이고, 출구나 문

쪽이면 거리 확대가 필요하다는 신호이다.

- 상대가 상체를 5~10도가량 앞으로 기울였다면 한 걸음 다가서도 좋다. 뒤로 젖힌 상태라면 지금 거리를 유지하거나 확대할 것을 고려한다.

- 시선을 옆이나 아래로 피한다면 상대가 압박감을 느끼는 중이니 거리를 넓히거나 마주하는 각도를 바꾼다.

- 상대 어깨가 올라가고 턱이 당겨지면 긴장 상태로 불편하다는 신호이고, 열린 자세라면 안정적인 상태다.

- 말이 짧고 빨라지면 압박감을 느끼는 중이며, 반대로 호흡과 문장이 길어진다면 안심 신호로 볼 수 있다.

상황별 최적 거리 세팅법

- 복도나 로비에서 일대일 대면: 적정 거리는 90cm, 좀 더 집중해야 한다면 75cm까지 좁힐 수 있다. 주변 소음이 크면 해당 거리에서 몸을 15도가량 기울여 소통하자. 손에 컵이나 명함을 들었다면 가슴 앞 20~30cm 지점에 두어 자연스러운 거리 조절 장치로 활용한다.

- 사각 테이블 대면: 정면으로 마주 보는 대신 45도 각도로 어긋나게 앉으면 부담이 덜하고 협력적인 느낌이 상승한다.

테이블이 좁아 너무 가깝게 느껴지면 노트북이나 자료를 가운데 두어 시선이 머물 지점을 확보한다.

- 원형 테이블 다자간 대면: 2시, 10시 좌석이 가장 편안한 각도이다. 의자를 뒤로 5~10cm만 빼도 압박감이 덜하다.
- 워크 앤 토크walk and talk: 반걸음 뒤나 옆에서 보폭을 맞추며 걷는다. 횡단보도·문턱에서 자연스럽게 간격을 조정한다.
- 엘리베이터 등 좁은 공간: 거리 확보가 어렵다면 서 있는 위치와 시선을 조정하여 압박감을 낮춘다. 몸은 출구 방향 15도, 시선은 문 쪽, 인사는 짧고 명확하게 하는 것이 좋다.

문화권별 조정 가이드

- 북미·북유럽: 시작 지점(90~120cm), 반걸음 안쪽(75~90cm)까지 접근 가능, 정면을 포함하여 눈 맞춤 허용 범위가 넓다.
- 동아시아(한국·일본 등): 시작 지점(80~100cm), 마주치는 각도는 15~30도로 비스듬히, 과한 눈 맞춤·밀착은 지양한다.
- 남유럽·라틴·일부 중동: 시작 지점(75~90cm), 60~75cm까지 자연스러운 접근 가능, 초면·비즈니스 자리에서는 웃으며 악수하는 수준, 밀착은 상대가 허용 신호를 보냈을 때 가능하다.

- 보수적 종교·성별 접촉에 민감한 문화권: 거리 유지(90~
  120cm)하며 접촉은 상대가 신호를 보냈을 때만 하는 것이
  안전하다.

도구로 만드는 거리

- 문서와 태블릿, 슬라이드: "이 부분 같이 보시죠" 하며 테이
  블 중앙에 놓으면 자동으로 공유 거리가 형성된다.
- 의자 바퀴 잠금: 의자 바퀴를 잠그면 무의식적인 다가섬을
  방지할 수 있다.
- 사선 배치: 노트북을 조금 틀어서 두면 몸도 비스듬해져 시
  선 압박감이 완화된다.

거리 조정 방법

- 너무 가까운 듯할 때: "이쪽이 더 편하시죠?"(미소) 하며 반
  걸음 뒤로 물러선다.
- 너무 멀게 느껴질 때: "화면이 작네요. 이 부분만 가까이서
  볼까요?" 하며 문서나 화면을 중앙으로 당겨 거리만 좁힌
  다(과밀착 금지).

- 마주 앉은 상태에서 시선 압박감이 느껴질 때: "제가 약간 비스듬히 앉아도 괜찮을까요?"(45도로 틀기)

의자에 앉는 자세: 다리·상체의 신호

- 기본자세: 발바닥을 지면에 밀착하고 허리를 세운 상태에서 5~10도 위를 바라본다.
- 서구 비즈니스 에티켓에서는 공식 석상이나 고객 미팅 자리의 경우 발목을 교차한 자세까지 허용하나 만남의 성격, 상대 지위와 만남의 맥락에 맞게 조절해야 한다.
- 다리를 꼬거나 과하게 벌린 자세는 방어적 태도나 거만함으로 해석될 수 있으므로 발목 교차 혹은 기본자세가 안전하다.

일어서기·가방 위치

- 상대가 다가오면 즉시 일어선다.
- 가방은 테이블 위에 두지 않는다. 대신 의자 등받이 뒤(혼잡·보안 유의)나, 의자 아래 좌측 발 곁에 둘 수 있다. 작은 가방이라면 무릎 위에 둘 수 있으나 중요한 서류가 들었다면 직원의 도움을 받아 적절한 장소에 보관한다.

미소에도
타이밍이
있다

미소는 '짧고 자연스럽게'를 기준으로 삼되, 타이밍·강도·소리를 적절히 조절하는 것이 좋다. 타이밍은 상대가 말을 마친 직후 '반 박자 늦게'가 적당하다. 반응이 너무 빠르면 상대의 말이 끊길 수 있고 너무 늦으면 건성으로 보인다. 강도는 입꼬리가 1cm가량 움직이고 눈가 근육의 미세한 움직임이 있는 정도면 충분하다. 윗니와 아랫니가 동시에 드러나는 웃음은 과장된 반응으로 읽히기 쉽고, 표정은 그대로고 입만 움직이는 '입술 미소'는 형식적으로 보인다. 웃음소리는 숨이 새어나가듯 가볍게 낸다. 짧은 숨소리 정도로 톤을 낮추고 길이를 1초 내외로 제한한다. 큰 소리의 폭소는 집중을 흩트리고 분위기를 흔들 수 있으니 회의나 첫 만남에서는 지양한다.

미소의 본질은 존중이어야 한다. 상대의 체면을 세우는 범위에서 웃는다. 누군가를 비꼬거나, 험담하거나, 비웃는 내용은 분위기를 한순간에 흐릴 수 있으니 유의한다. 상대가 실수하고 웃는다면 동조하는 대신 짧은 미소와 고개 끄덕임으로 괜찮다는 신호만 보낸다. 반대로 상대를 지지하거나 격려해야 할 상황이라면 미소를 0.5초 정도 더 유지해 공감의 강도를 높이는 것이 효과적이다.

문화 감수성도 필요하다. 서구권은 직접적 눈 맞춤과 짧은 미소가 자신감, 친밀감으로 읽히지만, 동아시아권에서는 그 강도를 한 단계 낮추어야 한다. 겸손한 인상을 유지하면서도 압박감을 줄이는 것이 핵심이다. 다자간 회의에서는 화자가 바뀌는 '전환의 순간'마다 가볍게 미소를 주고받으면 흐름이 부드러워지고 회의 전체가 안정된다.

화상 회의라면 카메라 렌즈를 보며 미소 지은 뒤 화면으로 돌아온다. 응시는 1~2초면 충분하다. 회선 상태를 고려해 웃음 타이밍을 조정하고 마이크가 웃음소리를 과하게 증폭하지 않도록 톤을 낮추고, 음소거 상태를 확인한다. 발언 차례가 되었다면 말하기 전 숨을 들이마시고 아주 가볍게 미소를 띄우는 것이 긴장 완화에 도움이 된다.

문자·이메일에서는 이모티콘을 남발하는 것보다 문장 끝에 따뜻한 표현(감사합니다·수고하셨습니다)을 더하는 것이 좋다.

본의 아니게 큰 소리로 웃어버렸다면 즉시 가볍게 사과하고 분위기를 바로잡아야 한다. "죄송합니다, 계속 말씀해주세요." "표현이 재치 있으셔서 웃음이 나왔습니다만 요지는 잘 이해했습니다." 이 정도면 상대는 '비웃음'이 아니라는 것을 명확히 인식한다. 다음은 안정적인 미소를 위한 준비 루틴이다.

- 거울이나 전면 카메라 보며 자세 잡기: 어깨 내리기, 턱 1cm 뒤로, 양손 배꼽 라인에 두기, 숨 들이마시며 호흡 조절하기.
- 자리 세팅하기: "혹시 이 정도 간격이 편하실까요?" "채광이 편한 이쪽이 좋으실 것 같습니다. 먼저 모시겠습니다." 등 환경을 고려한 배려는 미소만큼이나 상대를 편안하게 한다.

걸음걸이에서 드러나는 존중의 태도

정적인 공간에서의 만남과 달리 이동 중에는 '움직임' 자체가 매너를 드러내는 중요한 장치가 된다. 이때는 동선과 보폭이 메시지를 결정한다. 앞서가는 사람의 속도에 맞추면서 걷는 것만으로도 상대에 대한 존중과 배려를 충분히 전달할 수 있다. 함께 이동할 때는 "내가 널 리드하겠다"가 아닌 "우리가 편안하게 함께 간다"는 메시지를 보내야 한다. 상대가 설명 중이라면 걷는 속도를 5%가량 줄이고, 결론이나 중요한 요지에 다다르는 순간에는 반대로 5%가량 속도를 올린다. 이러한 리듬의 변화는 "당신의 호흡에 맞춰 경청하고 있다"는 비언어적 신호다.

복도나 코너에서 다른 사람과 마주쳤다면 먼저 비켜준다. 발끝을 살짝 틀어 통로를 열어주고, 지나간 뒤라면 동행인에게 손짓으로 동선을 안내해 자연스러운 흐름을 만든다. 계단이나 좁은 통로라면 자연스럽게 속도를 늦추고, 동행 중 하이힐을 신었거나, 무거운 짐을 든 사람, 연장자·노약자가 함께라면 보폭을 맞추는 것이 예의다.

보폭 맞추기는 주도권 내주기가 아니라 상대의 리듬에 맞추는 일이다. 기본은 반걸음 뒤와 옆에서 걷는 것이다. 이는 상대의 시야를 가리지 않으면서 대화가 자연스레 이어지는 최적의 위치다. 상대가 걸음이 빠르다면 뒤처지지 않도록 속도에 주의하고, 상대가 천천히 관찰하는 스타일이라면 여기에 맞춰 한 걸음 여유 있게 걸어야 한다.

계단이나 경사진 길처럼 에너지 소모가 큰 장소라면 상대의 신발이나 짐을 고려하여 보폭을 정하고 휴식 타이밍을 먼저 제안하는 것이 좋다. "이 구간은 경사가 있어요. 저기 평지에서 잠깐 자료 정리하고 갈까요?"와 같은 배려의 한마디는 상대에게 편안한 동행인이라는 강력한 신호가 된다.

목적지에 도달했다면 먼저 도착한 사람이 문의 방향을 살피고, 문을 잡아 뒤따르는 사람이 자연스럽게 통과하게 한다. 손은 넓게 벌려 "먼저 가세요" 같은 말을 건넨다. 회전문이라면 보통 호스트가 먼저 들어가 회전 속도를 조정하고 게스트가 뒤따르는 편이 안전하다. 잠깐의 시간이 소요되는 자동문이라면 호스트가 문이 열릴 때를 기다린 후 "센서가 늦네요. 먼저 지나가세요" 같은 짧은 문장으로 자연스러운 배려를 표현한다. 엘리베이터는 먼저 탄 사람이 층수를 물어 버튼을 눌러주고, 문 열림·닫힘을 책임진다. 비나 눈이 오는 날에는 입구에서 우산 거치대를 먼저 찾아 안내한다.

도착한 장소가 식당이라면 예약 상황을 체크하고 손님을 창가나 출입문 반대편 등 더 좋은 자리로 안내한다. 코트나 가방은 직원에게 대신 보관하도록 요청하고. 회의실에 도착한 상황이라면 문가에서 가볍게 고개를 숙여 먼저 온 사람에게 인사한 후 빈자리를 찾아 안내한다.

이렇게 걷는 상황에서 보여주는 섬세한 태도를 통해 상대가 '편하다, 정확하다, 다시 만나고 싶다'는 마음을 갖게 한다. 이러한 기억은 좋은 평판이 되고 평판은 결국 당신의 기회를 만들어 낸다. '나를 존중하면서, 상대의 에너지를 아껴주는 태도'야말로 진정한 스타일의 시작이다.

시간 감수성
가다듬기

시간을 지키는 습관은 모든 매너의 출발점이다. 정시에 도착하는 것만으로는 충분하지 않다. 마음의 준비를 갖춘 상태로 자리하는 것까지가 매너의 완성이다. 9시 미팅이라면 5~10분 전 도착해 호흡을 정리하고, 공간의 분위기를 파악한 뒤 회의에 들어가는 것이 자연스럽다.

온라인 회의라면 먼저 접속해 카메라와 마이크를 점검하고, 회선 상태를 확인한다. 세팅이 갖춰진 상태에서 시작 시간까지 잠시 대기하면 상대에게 신뢰를 준다. 불가피하게 지연이 발생한다면 예상 도착 시간을 사전에 정확히 알리는 것이 핵심이다. "조금 늦습니다"라는 모호한 표현보다, "현재 이동 중이며 7분

후 도착하겠습니다” 같은 구체적 안내가 훨씬 프로페셔널하다.

발표나 공식 모임은 약속된 시각에 시작한다. 늦게 합류하는 사람을 기다리며 시작을 미루는 행동은 전체의 리듬을 무너뜨리고, 시간 감각이 정교한 사람일수록 이를 불편하게 느낀다. 본인이 지각이 예상된다면 사유와 함께 사전에 주최 측에 상황을 공유하고, 5분 이상 늦게 들어왔다면 장황한 사과는 하지 말아야 한다. “늦어서 죄송합니다. 바로 안건 2로 들어가겠습니다.” 이런 태도가 흐름을 끊지 않는 가장 품위 있는 방식이다.

호스트라면 상대가 약속 시간을 정확히 숙지하고 있는지 확인하는 것도 중요하다. 전날 밤이나 당일 아침, 시간을 확인하는 짧은 문자를 통해 행사의 정확성과 신뢰도를 높인다. 다만 시간 개념이 서구 유럽에 비해 유연한 지역이라면 현지 파트너에게 ‘정시 시작 선호 여부’를 반드시 묻고, 종교 일정과 날씨, 교통 특성 등을 고려해 시간을 조정하는 것이 안전하다. 국제 행사라면 초대장에 반드시 현지 시각과 국제 표준 시각을 함께 표기한다(예: 한국 시간KST 10:00~10:30 / 유럽 표준시CET 02:00~02:30).

시간을 존중하는 태도는 결국 상대를 존중하는 방식이며, 누구보다 자신을 존중하는 방법이기도 하다. 시간 감수성이 갖춰진 사람은 어떤 관계에서든 ‘신뢰의 첫 번째 기준점’을 통과한 사람으로 기억된다.

명함 교환의
기본기

명함은 자신을 가장 간결하게 소개하는 대표적인 매개체다. 첫 만남의 명함 주고받기는 직함과 직위는 물론 정리 습관, 태도, 섬세함 등 인간적인 디테일까지 담아낸다. 첫인상을 결정하는 중요한 기회인 만큼 기본 매너는 필수다. 여기 온·오프라인에서 활용할 명함 매너를 안내한다.

명함 건네기 전

평소 명함을 깨끗이 관리하는 것은 기본이다. 그래도 혹시 모르니 먼저 명함 상태를 점검한다. 모서리가 깨끗한지, 지갑이나

케이스에 정리가 잘되어 있는지, 곧바로 꺼내 건넬 수 있는 상태인지 확인한다. 선 채로 교환한다면 상체를 5~10도가량 기울이고 양손으로 명함을 쥔다. 앉아 있을 경우는 가볍게 반기립한 후 교환한다. 이때 간단히 자기소개를 하자. 소속-역할-이름순으로 "○○에서 △△를 담당하는 □□입니다"와 같이 짧게 이야기하는 것으로 충분하다.

명함을 제작할 때는 필요에 따라 이름을 국문과 영문으로 병기하거나, 회사에서의 핵심 역할을 한 줄로 넣으면 좋다(예: 파트너십 구조 설계), 글자 크기는 8pt 이상이 좋고, 많은 정보가 오밀조밀하게 적힌 것보다 여백이 넉넉할수록 전문성이 느껴진다. 사진을 쓴다면 단정한 배경에 여백이 넓고 심플한 반신 사진이 좋다.

명함 교환의 기본 매너

두 손으로 잡고, 받는 사람을 향해 글자가 보이도록 건넨다. 다자간 미팅에서는 연장자 → 주최 측 → 시계 방향 순서가 기본이다. 일반적인 상황이라면 시계 방향으로 한 사람씩 순서대로 전한다. 명함을 받은 사람은 받은 즉시 "○○님, 오늘 뵙게 되어 반갑습니다"라고 짧게 인사한다. 외국인이라면 "성함 발음이

'○○' 맞으실까요?"와 같이 확인하는 것도 배려 차원에서 좋다. 예를 들면 다음과 같다.

"안녕하세요, ○○에서 파트너십(역할)을 맡고 있는 홍길동입니다."

(명함을 건네며) "먼저 주최 측 ○○님께 드리고, 이어서 순서대로 인사 드리겠습니다."

"발음이 '다니엘 킴'이 맞으실까요?"

"타이틀은 'BD 매니저'지만, 협업 구조 설계를 맡고 있습니다."

받은 명함에 바로 메모하는 행위는 실례가 될 수 있으므로 중요한 정보가 있다면 대화 후 별도로 정리하자. 회의 상황이라면 두 손으로 받아 잠시 읽고 테이블에 올려 이름과 직함을 곧바로 확인함으로써 호명 실수를 줄일 수 있다. 대화를 마쳤다면 케이스나 지갑에 잘 넣어둔다. 명함을 구겨 넣거나 테이블 위에 여러 명함을 흩뿌려두는 행위는 금물이다.

식당 상황이라면 자리 배치와 연동하여 명함을 주고받을 수 있다. 교환 타이밍은 착석 직후가 가장 자연스럽고, 식사 중간엔 방해가 될 수 있다. 상황에 따라 호스트가 교환 타이밍을 안내할 수 있다. 받은 명함을 당사자 좌석 위치와 동일하게 배치해 대화 중 호명을 자연스럽게 하는 것도 방법이다. 받은 명함은 음료나 음식 근처에 두지 않아야 오염을 막을 수 있다. 명함은 종료 후 반드시 전용 앱 등을 통해 데이터베이스화한다. 주소록 저장 시 이름 앞에 회사, 역할 키워드를 함께 저장하면 검색 효율이 높아진다(예: ○○사_마케터_김○○).

디지털 명함의 경우

명함에 QR 코드를 인쇄해 구체적인 정보를 수록할 수 있다. 링크트리Linktree 서비스 등을 통해 SNS 주소를 제공하거나 별도로 미니 사이트를 만들어 프로필·포트폴리오·캘린더 등을 제공할 수 있다. 이럴 경우 "스캔하시면 자료와 일정이 연동됩니다"라고 알리는 것이 좋다. NFC나 에어드롭 같은 근거리 통신 기능을 활용해 연락처를 주고받을 수 있으며 이때는 상대의 기종과 의사를 먼저 확인한다. 실물 명함을 갖고 있지 않다면 "혹시 캡처 저장 괜찮으실까요?"라고 묻고, 상대 휴대 전화에 사진으로 전달할 수 있다. 만약 링크로 정보를 전달한다면 연결 첫 페이지에 너무 많은 정보를 담지 않는 것이 좋다. 사진과 직함, 하는 일과 연락처 2개쯤이면 충분하다.

- 내 명함이 없을 때: "오늘 명함을 못 가져왔네요. 연락처를 먼저 드리겠습니다."(문자 전송)
- 상대 명함 없을 때: "괜찮습니다. 성함과 메일 주소를 제 휴대폰에 받아도 될까요?"
- 오타나 발음 교정: "발음이 '조-안' 맞으시죠? (미소) 정확히 부르고 싶어서요."
- 중복 교환 방지: "혹시 지난 ○○ 자리에서 이미 교환했을까요? 그래도 다시 인사 드리고 싶었습니다."
- 일본이나 한국: 두 손으로 받기, 잠시 읽기가 기본이다. 받은 즉시 지갑에 넣지 않는다.
- 북미나 유럽: 한 손 교환도 자연스러우며, 깨끗한 명함 상태와 정확한 소개가 중요하다.
- 중동이나 라틴 문화권: 명함보다 대화, 호칭이 먼저일 수 있으며 소개 타이밍은 상대 리듬에 맞춘다.
- 성별·종교 감수성: 접촉(손 닿음)에 민감한 환경에서는 거리를 두고 하는 짧은 미소와 호명만으로 충분하다.

디지털
소통을
스타일링하라

비대면 상황에서 우리는 전화와 메신저, 메일 등을 활용해 상대와 소통한다. 이때도 상대에게 전달되는 당신의 이미지를 간과해서는 안 된다. 오프라인 상황에서의 표정·시선·자세·거리만큼이나 문장 하나, 톤 하나가 신뢰의 근거가 된다. 핵심은 세 가지다. 상대의 에너지를 아껴주는 배려, 과잉도 결핍도 아닌 정확함, 온·오프라인 어디서든 동일한 메시지와 일관된 소통 품질이다. 이를 요약한 것이 바로 다음의 'CANVAS 원칙'이다.

- 명확Clarity: 하나의 메시지에는 하나의 의도만. 문장은 짧게, 결론을 먼저 말한다.

- 정돈Alignment: 목적·맥락·기한을 초반에 명확히 제시한다.

- 간명Noise-cut: 불필요한 수식어·이모지·중복 파일을 뺀다.

- 명시Visual: 글머리 기호, 줄 바꿈, 굵기 등으로 시인성을 높인다.

- 책임Accountability: 담당자·기한·다음 단계를 명시한다.

- 보안Safety: 사생활 보호·보안·감정선을 배려하여 공유 권한과 채널을 적절하게 조절한다.

전화 매너: 예고·의도·요약의 3단 구조

요즘은 전화 통화를 부담스러워하는 사람들이 많다. 이들을 의해 소통 문턱을 낮추는 설계가 필요하다. 먼저 문자나 메신저로 "지금 통화 가능하실까요? 견적 비교 건으로 3분간 통화로 확인하고 싶습니다"라고 의사 표시를 하자. 목적과 소요 시간을 미리 알리면 통화 부담을 덜 수 있다.

통화가 되면 3초-10초-30초 룰을 적용하자. 3초 인사(예: "안녕하세요, ○○의 ○○입니다")로 톤을 맞추고, 10초 안에 통화 목적을 한 문장으로 밝힌다(예: "내일 발송 일정 확정을 위해 두 가지만 확인해 드릴게요"). 본론은 30초 안에 끝내되, 선택지를 제시한다(예: "A는 비용이 +5%지만 내일 발송되고, B는 비용은 동일하나 모레 발송입니다. 어느

쪽이 좋으실까요?"). 마지막으로 두 문장 요약으로 통화를 마친다
(예: "그러면 A안으로 확정하겠습니다. 오늘 18시에 최종 파일을 보내고, 물건은
내일 10시에 발송하겠습니다"). 짧지만 정확한 마무리가 통화의 효율
을 높인다.

상대 사정을 고려해 통화 가능한 시간대를 확인한다. 만약 음
성 메시지를 남겨야 하는 상황이라면 핵심 내용과 회신 채널만 짧
게 전한다(예: "○○ 제안 관련 일정: 내부 마감은 금요일 12시, 미팅 희망 시
간은 월요일 10시입니다. 문자와 메일 중 편하신 채널로 회신 부탁드립니다").

스피커폰은 소음과 보안 등의 문제가 있으므로 꼭 필요한 상
황에서만 쓰고 이동 통화 시에는 자기 상황을 미리 알린다(예:
"지하 진입 예정 — 끊기면 문자로 이어가겠습니다").

메시지(문자·카카오톡 등) 매너:
맥락·요청·기한은 한 문장 안에

메신저를 사용할 때 첫 문장이 "안녕하세요?"로 끝나면 상대
는 묻게 된다. "무슨 일인가요?" 이때 시간적, 감정적 소모가 발
생한다. 다음과 같이 첫 문장에 맥락·요청·기한을 담는 것이 효
율적이다.

"안녕하세요, 어제 논의한 샘플 배송 건입니다"(맥락).

"주소 최종 확인 부탁드립니다"(요청).

"오늘 3시까지 회신해주시면 내일 도착 설정하겠습니다"(기한).

단체방이라면 @호명으로 대상자를 분명히 한다. "@홍길동: 내일 10시 킥오프 장소가 본사 12층으로 변경되었습니다. 참석 확인은 오늘 17시, 자료 업로드는 18시까지 부탁드립니다"처럼 @호명으로 호출하고, 무엇을 언제까지 해야 하는지 분명히 적어 둔다. 안내가 길어질 우려가 있다면 문서 링크를 걸고 세 줄 요 약으로 끝내면 쓰는 사람도 읽는 사람도 편하다. 야간이나 주말 시간은 피하고 예약 발송을 활용한다.

이메일: 제목이 곧 메시지다

메일은 제목부터 읽게 된다. 그만큼 주목도가 높으니 여기에 최대한 많은 정보를 담아야 한다. 제목에 의도와 핵심을 짧게 요 약하자(예: [결정 필요/금 12:00] 제품 A 가격안 A/B 선택). 본문은 다음과 같이 다섯 줄 룰을 따른다.

- 목적: "오늘은 A/B 중 하나를 결정해야 합니다."

- 배경: BOM 변경으로 단가 5% 변동.

- 옵션: A/B의 장단점(각 한 줄).

- 역할과 기한: 우리 쪽 초안 제공은 금 12시, 귀사 검토는 월
  10시까지.

- 다음 단계: 월요일 10:30 회의에서 확정.

첨부 파일은 버전과 날짜가 한눈에 보이도록 이름을 붙인다
(예: PriceA_v3_1021.xlsx). 이상의 내용은 발송 전 한 번 더 확인하고
필요에 따라 수신자, 오탈자, 톤을 조정한다.

공동 작업 시 시간 규칙

공동 작업에는 정확한 시간 통제가 필요하다. 다음을 참고하
여 처리 일정을 분명히 하는 것이 좋다.

- 업무용 메신저나 협업 툴: 근무 시간 2시간 이내 1차 회신(수
  신/다음 액션 시점).

- 이메일: 24시간 이내 1차 회신(수신/처리 예정일).

- 긴급 상황: 제목에 표시하고 전화 예고(예: [긴급/오늘 16:00]).

지연이 예상되면 "이 건은 수요일 오전에 답 드리겠습니다"와 같이 사전에 양해를 구한다.

화상 회의: 오프닝과 진행

호스트라면 회의 시작 20초 안에 목적, 의제, 종료 시각을 알린다. 통역이나 자막이 있다면 속도를 10% 낮추고 문장을 짧게 끊는다. 진행 시 두 사람 이상이 동시에 발언하면 순서를 지정한다. 문서를 공유할 때는 간단한 설명문으로 이해를 돕고 채팅 창에는 결정 사항과 실행 내용 및 기한을 남겨 기록을 돕는다. 회의를 마무리하기 전에 20초 발언을 통해 합의 사항, 담당자, 기한 등을 점검한 뒤 정리 메일로 확정한다.

회의 초대장을 보낼 때는 제목에 의제와 소요 시간을 넣는다[예: 가격안 A/B 결정(30분 소요)]. 본문에는 목적, 사전 자료, 다음 단계를 적는다. 국제회의라면 표준 시간대를 병기한다. 첨부 파일의 버전 표기 방식은 사전에 합의한다[(예: v0.8(초안) → v0.9(검토 반영) → v1.0(확정)]. 메신저나 메일에 "현재 기준 버전은 v0.9"라고 적어두면 혼선을 예방할 수 있다.

회의 시에는 안정적인 목소리 크기와 톤이 중요하다. 상대가 빠르게 의사 결정하는 타입이라면 결론과 근거부터 알리고, 차분하고 신중한 타입이라면 배경과 이유 등 맥락을 먼저 설명한다. 말은 20초, 글은 다섯 줄을 기본 단위로 운영하면 초점이 흐트러지지 않는다. 반대 의사를 전하려면 "동의되는 부분은 A입니다. 다만 B의 리스크가 보여 대안 C를 제안합니다"처럼 합의-우려-대안의 순서로 말한다. 사람을 평가하는 대신 문제-영향-해결에 초점을 둔다.

회의 도중 이미지나 표를 공유해야 할 때가 있다. 이때는 한 줄 요약을 덧붙여 이해를 돕는다. 공개가 불가피한 개인 연락처나 단가 등 민감한 정보는 따로 권한을 설정하여 보안을 관리하자.

디지털 소통을 위한 7일간의 루틴 실행 표

Day 1	'3초 인사-10초 목적-30초 본론 말하기' 원칙을 실제 통화에 3회 적용한다.
Day 2	카카오톡 첫 메시지에 맥락, 요청, 기한을 한 번에 적는다.
Day 3	'다섯 줄 포맷'의 이메일을 3통 작성한다.
Day 4	화상 회의 시 20초 말하기를 연습한다.
Day 5	초대 캘린더에 수록된 시간대와 링크된 자료 양식을 표준화한다.
Day 6	협업 팀과 첨부 파일의 이름과 버전 표기 방식을 정해서 문서화한다.
Day 7	일주일간 활동 내용을 합의 사항, 담당, 기한, 리스크, 다음 단계 등 다섯 줄로 요약한 복기 메일을 팀원들에게 보낸다.

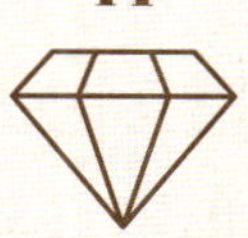

성공을 위한 행동과 태도의 재구성

어떤 사람을 처음 만났을 때 우리는 '그가 누구인지'를 말로 판단하지 않는다. 가장 먼저 눈에 들어오는 것은 행동, 그리고 태도다. 앉는 자세, 인사하는 방식, 시선을 주고받는 리듬, 손끝의 방향과 속도, 기다릴 때 흐트러지지 않는지 등 미세한 신호들이 말보다 먼저 그 사람의 품격, 가치관, 수준을 드러낸다. 이러한 비언어적 태도는 단순한 예절의 문제가 아니다. 한 사람의 신뢰 수준, 설득력의 무게, 그리고 앞으로의 경제적 가치까지 좌우하는 결정적 요소다. 이처럼 보이는 모든 행동은 결국 그 사람의 내면적 질서를 증명한다. 따라서 성공을 원하는 사람이라면, 먼저 자신의 행동과 태도의 구조부터 다시 설계해야 한다. ●

사소한 행동 하나가
비즈니스의
성패를 가른다

우리는 명함보다 태도를, 스펙보다 행동을 먼저 읽는 시대에 살고 있다. 정보가 넘치는 시대일수록 사람들은 겉으로 드러난 화려한 이력보다 그 이력을 어떻게 '소화하고 살아내는가'에 더 큰 관심을 둔다. 이때 판단 기준이 되는 것이 바로 '행동의 품격'이다.

행동은 곧 메시지다. 아무리 언변이 뛰어나도 불필요한 손짓과 산만한 표정이 뒤따르면 호감은 깨지기 쉽다. 반대로 조용하지만 절제된 몸짓, 정중한 자세, 상대를 배려하는 눈빛은 깊은 인상을 심어준다. 글로벌 무대에서 인정받는 인재들은 공통적으로 '침묵으로 설득하는 능력'을 지녔다. 그들은 자신을 포장하지 않고 말을 아끼며, 행동으로 증명한다.

글로벌 인재들이 보여주는 '품격의 코드'는 '자기 절제'와 '일관된 톤'에서 비롯된다. 공식 석상은 물론 사적인 자리에서도 동일한 태도를 유지한다. '진짜 브랜드는 무대 밖에서 완성된다'는 철학을 실천하며, 자신의 행동이 어떻게 기록되고 기억되는지 누구보다 민감하게 반응한다. 이는 곧 신뢰감 형성의 근간이 된다.

방탄소년단의 RM은 화려한 언변보다 정제된 태도와 절제된 제스처로 전 세계인의 신뢰를 얻었다. 인터뷰, 무대, 브이로그 등 공식·비공식적인 자리를 포함하여 팬들과 소통할 때 신중한 어휘 선택과 진중한 태도, 절제된 제스처로 일관된 이미지를 구축해왔다. RM은 SNS에 간디의 말을 인용하며 말과 태도의 중요성을 강조하기도 했다. "믿음은 생각이 되고 생각은 말이 되고 말은 행동이 되고 행동은 습관이 되고 습관은 가치가 되고 가치는 운명이 된다." 이러한 태도는 글로벌 리더로서 존재감을 각인시키며 방탄소년단 전체의 신뢰도를 견인하는 역할을 했다.

스타벅스의 전 CEO 하워드 슐츠는 매장 순회 중 직원들과 눈높이를 맞추고 직접 인사를 건네며 "직원을 우선하여 존중하고 돌본다"는 메시지를 전했다. 또한 리더로서 어떤 자세로 인간을 대하는가가 기업의 품격을 결정짓는다고 말한 바 있다. 이러한 인간 중심의 태도는 전 세계 고객으로부터 신뢰와 호감을 불러 모았으며, 스타벅스를 '소통과 배려의 상징'으로 인식시켰다.

한국 대중문화의 대표 인물인 유재석 역시 품격의 아이콘이다. 사람들은 그가 30년 가까이 최정상에 머물 수 있었던 이유를, 예의와 절제, 꾸준함에서 찾는다. 그의 행동은 과하지 않되 무심하지 않고, 겸손하되 자기 존중을 잃지 않는다. 화려한 언변이나 외모가 아니더라도, 단정한 복장과 정중한 인사, 일관된 예의와 배려는 수많은 브랜드가 그를 신뢰하고 광고를 의뢰하는 결과로 이어지게 했다. 광고주들은 그를 '안정성과 신뢰성의 상징'으로 인식한다. 유재석이 그동안 반복적으로 보여준 행동의 결과가 "유재석이라면 믿을 수 있다"는 신뢰 자산이 된 것이다.

'행동이 곧 브랜드'라고 말할 수 있는 이유는, 사람들이 늘 '보고 있기' 때문이다. SNS가 일상화된 오늘날 개인의 삶은 타인의 시선에 둘러싸여 있다고 해도 과언이 아니다. 평범한 사람조차 어떤 행동으로 이미지 자산을 구축할 것인지 고민해야 한다는 뜻이다. 이는 누구에게나 이미지를 설계할 기회가 주어졌다는 의미이기도 하다.

이때도 중요한 건 품격이다. 한 기업인의 커뮤니케이션 능력은 프레젠테이션 내용보다 리액션과 경청하는 태도에서 먼저 드러난다. 교수의 품격은 강의 슬라이드보다 학생의 질문에 응답하는 눈빛과 속도에서 더 강하게 감지된다.

이렇듯 태도와 행동은 비즈니스의 성패를 가르는 결정적 요소가 된다. 특히 고소득, 고신뢰 기반의 업계일수록 '말이 아닌 태도'가 선택의 기준이 된다. 자산 관리사, 컨설턴트, 투자자, 고위 임원 등 영향력이 큰 직종일수록 품격 있는 사람을 원한다.

단발적이거나 인위적인 행동으로 품격을 구축하기는 어렵다. 당신을 품격 있는 브랜드로 자리매김하려면 '자연스러운 일관성'을 보여주어야 한다. 그래야 사람들의 신뢰를 얻을 수 있다. 말, 복장, 제스처, 시선, 그리고 침묵의 순간까지도 하나의 톤으로 연결되어야 한다. 말은 잊혀도 태도는 남는다. 그 태도가 신뢰를 만들고, 신뢰는 곧 설득력이 되어 경제적 부를 창출하는 브랜드가 된다.

글로벌 리더들의
이미지 전략

현대인은 '제품'이나 '직함'만을 소비하지 않는다. 그보다 먼저, 사람의 '태도'와 행동 방식을 감지하고 소비한다. 명함에 적힌 학력이나 스펙보다 눈에 들어오는 것은 그의 태도다. 그 사람이 어떤 '방식'으로 세상과 관계를 맺는가를 보여주는 정보이기 때문이다. 말보다 시선 하나, 행동 하나가 중요하다. 그 사람의 실적보다 비언어적 메시지 하나가 더 강한 설득력을 발휘한다. 이것이 바로 '이미지 자산'의 힘이자 시대의 흐름이다.

사람들은 고급스럽고도 차분한 인상, 정제된 언어, 절제된 제스처, 조용한 자신감 등에서 호감과 안정감을 느낀다. 예측 가능한 태도는 믿음을 불러오고 이는 영향력과 직결된다. 글로벌 무대에서 활약하는 리더들은 자기를 포장하거나 과장하는 법이 없다. 대신 단정한 말투, 품격 있는 자세, 배려 깊은 시선으로 상대의 마음을 움직인다. 그들은 소리 없는 자신감과 태도의 일관성으로 신뢰감을 준다. 은근히 드러나는 진중한 품위로 브랜드 이미지를 강화한다. 이러한 무언의 태도는 결국 경제적 부로 이어진다.

넷플릭스 공동 CEO 리드 헤이스팅스는 캐주얼한 복장과 차분하고 진중한 말투로 유명하다. 과장되지 않은 그의 언행에는 명확한 비전과 실현 가능한 전략, 그리고 흔들림 없는 자기 철학이 담겨 있다. 그는 회의에서 짧고 명확하게 발언하며, 사소한 제스처 하나까지도 '불필요한 과잉'을 철저히 배제한다고 한다. 이는 내부 구성원들은 물론 외부의 이해관계자들에게 "본질에 집중한다"는 넷플릭스의 철학을 전달해 브랜드를 긍정적으로 인식시키는 데 큰 힘을 발휘했다.

애플의 CEO 팀 쿡은 침착함과 절제된 커뮤니케이션으로 '조용하지만 안정된 리더십'의 대명사가 되었다. 그의 셔츠 색, 헤어스타일, 단어 선택과 신중한 말투는 애플의 철학인 미니멀리즘과도 닿아 있다. 인터뷰와 연설에서 감정을 과하게 드러내지 않고, 고개를 끄덕이며 일관된 자세와 절제된 언어로 특별한 리더십을 보여준다. 이는 애플이라는 브랜드와 연결되면서 '신뢰'

와 '미래 지향성'의 이미지를 구축하는 데 큰 힘이 되었다.

뉴질랜드 총리를 지낸 재신다 아던은 위기 상황에서 보여준 태도로 세계인의 주목을 받았다. 팬데믹 당시 라이브 방송에서 보여준 편안한 옷차림과 배려심 깊은 말투 때문이었다. 이는 정치인으로서 보기 드물게 '권위가 아닌 신뢰'의 리더십을 실천한 사례였다. 그녀에게 있어 최고의 자산은 신뢰와 안정감이었으며, 이는 국제 사회에서 뉴질랜드의 국가 브랜드 가치를 높이는 데 크게 기여했다.

고위 경영자, 공공 리더, 크리에이터 할 것 없이, 이미지 전략이 중요해졌다. 이들의 인상과 행동은 더 이상 사적인 영역에 속하지 않는다. 그들의 이미지가 곧 브랜드에 반영되는 시대가 되었기 때문이다. 글로벌 투자자나 파트너들은 사업 제안서보다 먼저 리더의 태도와 스타일을 본다. 그가 말하는 내용보다 말하는 방식을 더 중요하게 생각한다.

그러므로 이제 우리는 '무엇을 보여줄 것인가'보다 '어떻게 보여질 것인가'를 고민해야 한다. 이는 개인의 브랜딩 차원을 넘어 생존의 문제가 되었다. 이는 단시간에 구축되지 않는다. 타인의 것을 모방할 수도 없다. 오직 훈련된 습관과 오랫동안 다듬어온 가치관만이 부로 이어지는 이미지 자산을 만들어낼 수 있다.

우리가 매일 반복하는 말투, 시선 처리, 의자에 앉는 방식, 걷는 속도, 심지어 말의 속도와 쉼표 하나까지도 놓치지 말자. 이 모든 것이 모여 한 사람의 신뢰도를 결정짓는다. 그렇기에 '이미지 자산'을 설계하고, 지속적으로 다듬어야 한다. 이것은 선택이 아니라 필수다. 일회성 마케팅으로는 불가능하다. 당신이 누군가의 기억 속에 '신뢰'로 남으려면 지금부터 노력을 멈추지 말아야 한다. 일상의 습관과 태도에서 축적되는 정제된 에너지로 자신을 브랜딩하자.

말하지 않아도 느껴지는 무게감, 침묵 속에서도 전해지는 고요한 존재감이야말로 진짜 브랜드이며, 그것이 바로 경제적 가치로 전환되는 이미지 자산의 핵심이다.

부자들은
절대 하지 않는 행동
다섯 가지

우리는 흔히 성공한 사람들의 '행동'에 집중하지만, 보통 사람과 다른 점은 사실 '하지 않는 행동'에 달렸다. 부자들은 시간을 잠식하고 에너지를 흐트러뜨리는 행동을 철저히 배제한다. 그들은 무언가를 하지 않음으로써 부를 창출한다. 그렇다면 그들이 단호하게 거부하는 다섯 가지 행동은 무엇일까?

첫째, 남과 비교하지 않는다. (비교의 프레임에서 벗어나는 힘)

부자들은 비교의 프레임에 갇히기를 거부한다. 타인의 성공을 시기하는 대신 거기에서 영감을 얻는다. 자기의 속도와 방향에 집중하면서 "나는 나의 게임을 한다"는 확고한 신념으로 브랜드를 정립하고 시장을 주도한다. 일례로, 워런 버핏은 "다른 사람들이 욕심낼 때 나는 두려워하고, 다른 사람들이 두려워할 때 나는 욕심낸다"고 말했다. 시장의 분위기나 타인의 판단에 휘둘리지 않는 확고한 자기 기준을 강조한 것이다. 그는 투자할 때 분위기에 휩쓸리지 않으며, 스스로 가치와 논리에 따라 움직인다. 위기 속에서도 흔들리지 않는 장기적 부를 만든 이유가 바로 이것이다.

둘째, 부자들은 불필요한 감정 소비를 하지 않는다. (감정이 아닌 판단)

불평, 비난, 분노 같은 감정에 자주 휘둘리는 사람은 에너지를 소진한다. 그래서 부자들은 감정이 아닌 '판단'을 우선한다. 감정을 느끼되, 동요하지 않고 상황을 객관화하는 훈련이 되어 있기 때문이다. 예를 들어, 마이크로소프트 CEO 사티아 나델라 Satya Nadella는 직원 간 갈등이 발생했을 때도 감정을 앞세우지 않고 객관적으로 상황을 파악하는 데 주력한다. 이를 통해 비난보다는 솔루션 중심의 리더십을 보여준 그는 "공감의 리더십이 가장 강력한 경쟁력"이라며 감정 조절의 중요성을 강조한다. 감정을 조절할 수 있는 사람이 결국 더 멀리 간다는 뜻이다.

셋째, 즉흥적으로 말하거나 행동하지 않는다. (말은 곧 행동)

성공한 사람일수록 말 한마디, 몸짓 하나에 신중하다. 그들은 자신의 한마디 말에 브랜드의 무게가 바뀔 수도 있다는 사실을 잘 알기에 절제된 표현과 신중한 의사 결정을 실천한다. 특히 공식적인 자리일수록 말투, 단어 선택, 손짓까지 하나하나 살펴가며 품격을 유지하려 애쓴다. 애플 CEO 팀 쿡은 과장 없이 단정한 언어, 절제된 손짓, 정확한 메시지로 '조용한 리더십'을 구축했다. 즉흥성에 휘말리지 않는 정제된 선택이야말로 성공한 사람들의 공통된 전략이다.

넷째, 즉각적인 만족을 추구하지 않는다. (장기 가치의 선택)

부자들은 '단기적 보상'보다 '지속 가능한 가치'에 집중한다. 그래서 지금 당장 성과가 보이지 않더라도 꾸준히 씨를 뿌리고 기다릴 줄 안다. 소비보다 투자에 집중하고, 빠른 성과보다 '가시화되지 않는 성장'에 가치를 부여한다. 예를 들어, 워런 버핏은 수십 년 동안 동일한 주식에 투자해왔다. 그는 "가장 좋은 투자란, 충분히 이해하고 오래 보유할 수 있는 사업을 고르는 것이다"라고 말하며, 장기 투자 철학을 실천하고 있다. 그는 시간을 우군으로 삼고 복리의 힘을 실현해 오늘의 부를 만든 대표적 인물이다.

다섯째, 불필요한 인간관계에 에너지를 쓰지 않는다. (깊은 관계 우선)

모든 인맥이 자산은 아니다. 부자들은 인간관계를 맺을 때 분명한 기준이 있다. 나의 성장을 응원하고, 나의 가치를 지지하는 사람, 오랫동안 신뢰를 쌓을 수 있는 사람과 깊이 있게 교류한다. 무의미한 네트워킹이나 보여주기식 모임은 피하며, 진정성 있는 사람들과 신뢰의 네트워크를 추구한다. 예를 들어, 버진그룹 회장 리처드 브랜슨은 "내가 신뢰하는 사람들과의 관계가 내가 이룬 모든 성공의 바탕이었다"고 회고한다. 그는 전 세계 수백 개 브랜드를 이끌면서도, 가장 가까운 동료들과의 신뢰를 핵심 자산으로 여긴다.

이처럼, 부자들의 행동 전략은 '하지 않는 것'을 통해 더욱 선명하게 드러난다. 불필요한 감정 소모, 즉흥성, 단기 성과, 소란스러운 비교, 얕은 관계…, 이 모든 것을 배제하고 그 자리를 고요함, 절제, 신중함, 장기적 전략, 정제된 깊은 관계로 채운다. 당신은 어떤가? 그동안 무엇을 어떻게 '했는가'가 아닌 무엇을 '하지 않기로' 선택해왔는지를 자문할 때다. 또한 성공에는 무언가를 할 용기만큼이나 '하지 않을 용기'가 절대적으로 필요하다는 사실도 기억하자. 그 선택이 결국 당신의 부를 좌우할 것이다.

'무엇을 하지 않을 것인가?'로 시작하는 영향력 설계

하지 말아야 할 행동 자가 점검 목록("예"라고 답한 문항 수 체크)	
1	나는 타인과 비교하지 않고, 나만의 속도와 방향에 집중한다.
2	감정에 휘둘리지 않고, 상황을 객관적으로 판단하려 노력한다.
3	말과 행동에 신중함이 있으며, 즉흥적으로 반응하지 않는다.
4	장기적 관점에서 목표를 설정하고 일관되게 실천하는 편이다.
5	즉각적인 보상보다 복리적 성장을 추구한다.
6	무의미한 네트워킹보다 진정성 있는 관계를 중시한다.
7	의견이 다른 사람과도 공감하며 대화하려 한다.
8	소비보다 가치 있는 곳에 자원을 배분하려고 노력한다.
9	'하지 않는 것'의 기준이 내 삶 속에 존재한다.
10	나의 브랜드가 신뢰받고 있는지를 수시로 점검한다.

결과 해석
8~10개
고요한 힘을 가진 리더형. 당신은 이미 신뢰 자산을 축적하고 있으며, 내면에서 밖으로 흐르는 '일관된 태도'가 강점이다. 지금의 일관성을 계속 유지하라. 당신의 영향력은 계속 확장될 것이다.
5~7개
성장의 중간지대. 핵심 감각은 이미 장착하고 있으나, 몇몇 습관은 재정비될 필요가 있다. 주 1회, 자신의 태도, 반응, 행동을 점검하는 정기 루틴을 설정해본다.

변화가 필요한 시점. 나도 모르게 무의미한 비교, 즉흥성, 감정 소비 패턴을 반복하고 있을 수 있다. 매일 한 가지라도 '하지 않음'을 실천하며, 내면의 질서를 회복할 필요가 있다. 당신의 영향력은 다시 설계될 수 있다.

실행 전략—하지 않음에서 시작하는 브랜드 구축

'하지 않을 리스트'를 작성하라.

예를 들어, 불평하지 않기, SNS를 보며 습관적으로 자기와 비교하지 않기, 관계 의무감 내려놓기.

하루 10분, 조용히 자신과의 약속을 글로 적는다.

매일 아침 써둔 글을 본다. 안정된 태도는 반복된 약속에서 만들어진다.

당신의 태도를 점검하라.

의자에 앉는 방식, 눈을 바라보는 각도, 대화 중 고개 끄덕임 등은 말보다 빠르게 메시지를 전달한다.

평판 점검 루틴을 만들라.

분기마다 1명 이상에게 다음과 같이 물어본다. "요즘 저에 대해 어떻게 느끼시나요? 무엇이 바뀌었나요?" 이 질문 하나가 브랜드의 사각지대를 밝혀준다.

PART · 4

영향력을
자산으로

바꾸는
법

12

영향력 극대화의 공식

"부는 한순간에 사라질 수 있다. 그러나 영향력은 시간이 지날수록 더 강력해진다."

오늘날 부의 속성을 가장 정확하게 설명해주는 말이다. 과거에는 부를 '소유의 총량'으로 보았다. 더 많은 부동산, 더 높은 직급, 더 두꺼운 지갑이 그 사람의 가치를 말해주었다. 하지만 지금은 다르다. 지금 시대의 진짜 부는 신뢰, 품격, 관계, 그리고 영향력 등 '눈에 보이지 않는 변수'들로 결정된다. 이 무형 자산을 가진 사람이야말로 시대가 원하는 진짜 부자다. ●

지속 가능한
부를
창출하는 사람들

당신이 가진 영향력은 눈에 잡히지도, 무게를 잴 수도, 숫자로 환산되지도 않는다. 그러나 그 어느 자산보다도 귀하고 그 무엇보다 강력하며, 이 시대 많은 사람이 간절히 바라는 자산이라는 사실만큼은 분명하다. 당신이 하는 말 한마디, 표정 하나, 보여준 태도와 행동 습관이 모두 당신의 브랜드가 되고, 당신의 시장 가치를 결정짓는다.

사람들은 더 이상 제품을 소비하지 않는다. 사람의 태도를 소비하고, 콘텐츠보다 그것을 만든 사람의 '브랜드 품격'을 선택한다. 더 나아가 정보보다 그것을 전달하는 사람의 신뢰도를 소비한다. 더 놀라운 건, 이 영향력이라는 무형자산이 시간이 갈수록 더욱 강력해진다는 것이다. 한번 구축된 신뢰는 쉽게 깨지지 않는다. 오히려 복리처럼 누적된다. 그 위로 돈이 모이고, 기회가 흘러 들어온다. 여기서 우리는 하나의 분명한 진실과 마주하게 된다. 돈이 있는 사람이 강한 게 아니라, 돈이 모이는 구조를 만든 사람이 진짜 강하다는 것.

그 중심에는 언제나 '영향력'이 있다. 당신의 이름이 하나의 브랜드로 작동하는 순간, 그 이름은 신뢰받으며, 신뢰는 선택을 낳고, 선택은 부로 이어진다. 따라서 지금 우리가 던져야 할 가장 중요한 질문은 이것이다. "나는 어떤 이름으로 기억되고 있는가?" 이 질문에 대한 답이 당신의 가치를, 나아가 당신의 부를 결정한다.

사람들은 갈수록 돈보다 평판을 중요하게 여긴다. 수익보다 신뢰, 스펙보다 태도, 정보보다 정서를 우선한다. 이 흐름을 누구보다 빠르게 읽은 사람이 바로 인플루언서들이다. 그들은 겉으로 드러나는 이미지보다 태도를 중시하고, 단기 수익보다 장기적 신뢰를 설계하고, 보이는 성과보다 보이지 않는 평판을 관리한다. 평판이야말로 부의 흐름을 결정짓는 핵심 자산이라는 것을 잘 알기 때문이다.

영향력은 '키우는 것'이 아니라 '관리하는 것'이다. 키우는 건 시간의 몫이지만, 유지하는 건 철학과 태도의 몫이다. 좋은 콘텐츠를 자주 올린다고 영향력이 생기지는 않는다. SNS 팔로워가 많다고 진짜 브랜드가 되는 것도 아니다. 영향력은 당신의 말과 행동, 그리고 그것을 정직하게 유지해온 시간의 깊이 속에서 꽃 핀다.

당신은 먼저 태도를 관리해야 한다. 가치를 높이고 싶다면, 자신의 이름에 담긴 메시지를 다시 설계해야 한다. 브랜드가 되려면, 이름의 무게를 감당할 철학이 있어야 한다. 그렇게 하나하나 쌓인 영향력은 '명성'을 넘어 '유산'이 된다. 사라지지 않고, 닳지 않고, 오히려 세월을 먹고 자라난다.

지금 이 순간에도 수많은 부자들은 겉으로 드러나는 자산보다 더 중요한 '보이지 않는 자산'을 구축하려 노력하고 있다. 가치를 설계하고, 사람을 연결하고, 스스로를 브랜드로 전환하며 더 이상 제품이나 스펙을 팔지 않는다. 그들은 '자기 자신'을 판다.

결국 가장 오래 살아남는 자는, 돈이 아닌 '가치'를 남긴 사람이다. 시대가 변해도 유효한 이름, 시간이 지나도 의미가 사라지지 않는 평판, 그리고 다음 세대에게 전해줄 수 있는 철학과 브랜드 스토리, 그 모든 것이 합쳐져 '지속 가능한 부'를 만드는 것이다.

이제 당신도 그 흐름 위에 올라설 차례다. 지금부터 당신의 영향력을 어떻게 설계하고, 어떻게 자산으로 전환할 수 있을지를 고민해 실전 전략을 짜보자. 이는 단지 부자가 되기 위한 전략이 아니라 좋은 이름으로 살아남기 위한 생존법이다. 이제 당신만의 영향력 매뉴얼을 만들 차례다. 그리고 그것을 '자산'으로 전환하는 가장 실질적인 전략을 펼쳐야 할 때다.

신뢰가
곧
돈이다

부자와 일반인의 차이는 단순히 '얼마나 벌었는가'에 있지 않다. '무엇을 기준으로 행동하며, 어떻게 자산을 관리하는가'에 달렸다. 많은 사람이 돈 자체를 목표로 삼지만, 진짜 부자들은 '구조'를 목표로 삼는다. 이들에게 중요한 것은 눈앞의 수익보다 그 수익이 발생하고 유지되는 구조를 설계하는 일이다.

워런 버핏은 평생에 걸쳐 신뢰, 구조, 반복 가능한 시스템을 가장 중요한 자산으로 여겼다. 단기적 이익보다 장기적인 관계를, 변동성보다 예측 가능성을 택하며 결국 '부를 견고하게 유지하고 지속시키는 방법'을 구축했다. 그는 자산을 '가치의 축적'이라 보았고, 자신의 말 한마디와 결정 하나하나가 시장에 미치는 영향을 철저하게 인식하며 움직였다.

이처럼 진짜 부자들은 '보이는 돈'보다 '보이지 않는 구조'를 디자인하는 데 주력한다. 그들의 최우선 관리 대상은 '자기 자신'이다. 이미지, 평판, 언어, 태도, 관계, 시간…, 그들의 하루는 명확한 기준 위에서 운영된다. 누구를 만날 것인지, 어디에 시간을 쓸 것인지, 어떤 말투와 옷차림을 선택할 것인지조차 '자기 존재감'과 '장기적 자산화'라는 기준 아래 조율된다.

그들에게 '영향력'은 우연히 주어진 게 아니라, 철저하게 설계된 결과다. 그리고 이 영향력은 시간이 지나면서 자산으로 전환된다. 예컨대, 제프 베이조스는 아마존을 만든 CEO인 동시에, 그 자체로 수십조 원 규모의 브랜드 자산이 된 인물이다.

그는 '절대 고객을 실망시키지 않는다'는 철학을 기반으로 신뢰를 키웠고 태도, 말투, 의사 결정 방식까지 일관되게 설계하고 전략화했다. 그가 기자 앞에서, 주주 앞에서 하는 말은 물론 SNS에 남기는 짧은 코멘트 하나까지도 예외가 없다. 그것이 곧 자산이라는 걸 잘 알기 때문이다. 우리는 여기서 중요한 교훈을 얻는다. 영향력이 자산이 되려면, 원칙과 반복이 필요하다. 부를 다루는 사람들과 일반인의 차이는 바로 여기에서 온다.

오늘날 세계적인 인플루언서들은 '팔로워 수'만으로 성공을 말하지 않는다. 진짜 영향력을 가진 사람들은 '제품'을 말하기 전에 먼저 '가치'를 말한다. 이들에게는 끊임없이 브랜드 컬래버레이션이나 스폰서십 제안이 들어온다. 그들의 세계관, 태도, 철학, 평판이 안정적인 브랜드 신뢰 구조를 만들기 때문이다.

오늘날 인플루언서 경제의 성장은 '개인도 기업처럼 브랜드화될 수 있다'는 사실을 보여준다. 그렇다면 성공적인 브랜드화의 핵심은 무엇일까? 트렌드 리서치 회사 WGSN과 세계적인 컨설팅 기업인 딜로이트Deloitte 보고서에서 일관되게 언급되는 키워드가 있다. 바로 "영향력의 구조화structured influence"다.

Z세대와 알파 세대는 '유명한 사람'보다 '신념 있는 사람' '자기 서사가 있는 사람'에게 끌린다. 그들의 관심은 '당신이 무엇을 했느냐'보다 '당신이 무엇을 믿고 있는가'를 향한다. 이러한 상황에서 영향력을 자산화하려면 태도와 기준을 관리하고 '경영'할 줄 알아야 한다. 실제로 우리가 아는 수많은 인플루언서는 매일의 습관과 표현 방식, 등장하는 공간, 일관된 메시지를 통해 설계된 존재감을 축적하며, 매일의 선택을 통해 자신만의 신뢰 구조를 만든다. 그 신뢰가 곧 영향력이 되고, 지속 가능한 자산이 된다. 그러므로 지금 당신이 해야 할 질문은 이것이다.

"나는 지금, 무엇을 기준으로 나를 설계하고 있는가?" 그 기준의 품격이 곧 당신의 영향력을 결정짓는다. 또한 그 신뢰의 영향력이, 결국 당신의 부를 결정짓는다.

존재감과 가치를
10배
키우는 방법

세상은 점점 더 소란스러워지고 있다. 누구나 자신을 드러낼 수 있고, 무엇이든 말할 수 있다. 정보는 넘쳐나고, 목소리는 범람하며, 화면 속 이미지들은 끊임없이 교체된다. 그런 세상에서 '존재감'은 어떻게 만들어지는가? 어떻게 해야 사람들의 머릿속에 '잊히지 않는 사람'으로 각인될 수 있을까? 일시적인 주목에서 한 걸음 더 나아가, 대중에게 '가치 있는 기억'으로 남으려면 어떤 태도와 전략이 필요할까?

존재감은 목소리가 크다고 해서, 외모가 화려하다고 해서 만들어지지 않는다. '기억에 남는 사람'은 지나간 자리마다 공기의 밀도를 바꿔놓는다. 그의 말투, 표정, 에너지, 그리고 메시지의 결이 본능적으로 사람들의 관심을 끈다. 그리고 이런 존재감은 '자기 확신'에서 나온다. 자기 안에 뚜렷한 철학이 있고, 그것이 말과 행동, 콘텐츠, 관계에 고스란히 녹아 있는 사람을 그냥 지나치기 어렵다. 한 번이라도 더 만나고 싶고, 대화하고 싶다. 우리는 이런 사람들을 '브랜드화된 인물'이라 부른다.

방탄소년단 RM의 인터뷰를 보자. 그는 평범한 아이돌이 아니다. 그는 늘 '어떤 메시지를 전할 것인가'를 고민한다. 무대 위에서의 모습, 유엔에서 한 연설, 일상의 독서 취향까지 일관된 서사로 연결된다. 그는 메시지를 전하는 사람이며, 그 메시지 자체가 하나의 브랜드로 작용한다.

브랜드는 당신이 매일 반복하는 사소한 말과 행동, 선택의 디테일 속에서 서서히 구축된다. 당신의 에너지, 목소리 톤, 말버릇, 인스타그램 캡션, 책상 위의 책 제목, 이 모두가 모여 하나의 서사를 만든다. 그 요소들이 서로 모여 연결되기 시작할 때, 사람들은 말한다. "이 사람은 뭔가가 있다."

오늘날 시장은 더 이상 브랜드를 먼저 선택하지 않는다. 브랜드 뒤에 있는 사람을 선택한다. '어떤 제품이냐'보다 '어떤 사람이 만드느냐'가 더 중요해졌다. 평범한 스펙으로는 자기를 증명할 수 없는 지금 우리는 '존재를 콘텐츠화'하고 '가치를 확장하는' 사람으로 자신을 설계해야 한다. 당신의 철학, 말투, 연결, 태도, 방향성…, 이 모든 것이 정제되면서 당신의 이름은 하나의 브랜드가 된다. 어떤 자산보다 확실한 것, 그 누구도 훔칠 수 없는 것, 시간이 지날수록 더 단단해지는 것이 바로 존재감이라는 자산이다.

존재감은 '기억에 남는 태도'에서 비롯한다. 그렇다면, 어떤 태도가 사람들의 마음을 끌어당기는 것일까? 사람들의 마음속에 자리 잡으려면 무엇을 해야 할까?

존재감을 콘텐츠의 관점에서 재정의하라

존재감을 이루는 콘텐츠란 무엇일까? 당신의 말투, 표정, 눈빛, 스타일, 목소리 톤, 톤앤매너까지 모두가 여기에 해당한다. 이들 콘텐츠는 당신의 이미지를 형성하고 반복을 통해 존재감을 구축한다. 다음을 참고하자.

- 비주얼 포인트 만들기: 꾸준히 반복되는 컬러, 스타일, 헤어스타일, 액세서리는 '시각적 시그니처'가 된다(예: 흰 셔츠 + 진주 귀걸이 = 단정하고 신뢰감 있는 이미지).
- 콘텐츠 톤 고정화: 어휘, 말투, 톤 등을 일관되게 유지하면 당신은 브랜드처럼 인식된다(예: SNS, 인터뷰, 강의, 대화 등에서

정제된 말투, 단문 위주의 명확한 어휘 선택, 짧고 날카로운 키워드 사용).

- 보디랭귀지 관리: 불안한 제스처를 없애고, 여유 있는 움직임을 채택하라. 무표정, 시선 회피, 손 떨림은 불안의 상징이다. 한편 시선을 정확히 마주치고, 천천히 말하며, 중간에 여백을 두는 '여유 있는 제스처'는 당신이라는 존재의 무게감을 올려준다.

자신만의 서명을 만들라

모든 브랜드에는 고유의 서명Signature이 있다. 영향력 있는 사람들 또한 마찬가지로 그들만의 말투, 문장 패턴, 반복되는 메시지가 있다. 블랙핑크의 로제는 인터뷰와 음악을 통해 줄곧 "완벽하지 않아도 괜찮다" "자기 속도로 가겠다"는 메시지를 반복해왔다. 그 일관된 언어와 태도는 그녀를 하나의 스타일이자, 신뢰 가능한 브랜드로 인식하게 만든다.

오프라 윈프리는 자신의 쇼에서 "당신은 당신 삶의 주인이다"라는 메시지를 반복하며 일관되게 자기 책임과 회복력을 말한다. 세계적으로 영향력 있는 여성으로 꼽히는 미국 사업가 사라 블레이클리Sara Blakely는 "실패는 지금의 나를 만든 힘"이라는 메시지를 전하며 감동적인 서사로 자신을 브랜드화했다.

당신만의 문장, 표현, 태도는 존재감을 만든다. 일상에서 자주 하는 말, 반복된 경험, 좋아하는 문장을 기록해보자. 그중 하나의 키워드를 추출하고, 그 키워드를 중심으로 언어, 행동, 스타일에 통일감을 부여하자. 이로써 당신만의 존재감 넘치는 서명이 완성될 것이다.

에너지의 밀도를 높여라

존재감은 말이나 외모보다, '그 사람이 머문 시공간의 에너지'로 감지된다. 이 에너지는 심리학에서 '심리적 밀도Psychological Density'라고 불리며, 사람들을 끌어당기고 그 사람의 존재감을 형성한다. 이런 사람들은 공통적으로 대화에 몰입하며 리액션이 풍부하다. 또한 타인을 관찰하며 정확한 피드백을 건넨다. 불필요한 말 대신 정제된 표현을 하기에 자리를 뜬 후에도 '그 사람이 했던 말'이 머릿속에 맴돈다. 그들은 공간을 흐리지 않고, 메시지를 분산시키지 않는다. 말과 행동에서 '정제된 파워'가 느껴진다.

당신의 존재감을 높이고 싶다면, 말의 양보다 '밀도'를 관리해야 한다. 말의 속도를 줄이고 시선을 고정하며 중간에 '침묵의 여백'을 넣는 것, 급한 리액션 대신 '정확한 반응'으로 존재를 드러내는 것, 이것만으로도 당신은 다른 사람보다 깊고 무게감 있는 사람으로 기억될 것이다. 존재감은 양이 아니라 '농도'다.

기록하고, 축적하고, 연결하라

존재감은 하루아침에 생기지 않는다. 반복된 기록과 축적된 메시지, 일관된 태도로 구축된다. 하루의 생각을 짧게라도 기록해보자. SNS에 올리고 책에서 얻은 인사이트에 자신만의 철학을 더해보자. 이런 활동이 쌓이면, 사람들은 당신을 '아침을 성찰의 시간으로 쓰는 사람' '사람들에게 따뜻한 한마디를 남기는 사람' '어떤 상황에서도 본질을 말하는 사람'으로 기억할 것이다.

당신의 존재감을 '이름값'으로 바꿔라

존재감은 곧 '해석된 인상'이다. 이때의 해석은 반복된 전략의 결과다. 오늘 당신이 말하는 방식, 오늘 당신이 입은 옷, 오늘 당신이 쓴 글 하나가 당신 브랜드를 결정한다. 결국 '당신이 누구인지 말하지 않아도 알게 만드는 것', 그것이 바로 진짜 존재감이다.

존재감은 크고 요란한 이벤트와 무관하다. 당신이 세상과 맺는 방식, 사람과 대화하는 태도, 그리고 스스로를 어떻게 설계하고 정제하는가에서 비롯된다. 그렇다면 존재감 있는 사람으로 브랜드화되기 위해 무엇을 해야 할까? 다음 세 가지를 참고해서 존재감을 키워보자.

첫째, '핵심 메시지'를 설정하라.

자기만의 키워드, 자기만의 정체성, 그리고 그것을 전달하는 언어가 분명해야 한다. 달변가가 되라는 뜻이 아니다. 무엇을 말하든 '그 사람답다'는 느낌을 주는 일관성이 중요하다.

둘째, '반복되는 패턴'을 만들라.

사람들은 처음에는 호기심으로 주목하고, 그다음엔 익숙함으로 기억하며, 마지막엔 일관성으로 신뢰한다. 브랜드는 반복을 통해 형성된다. 말투, 콘텐츠의 톤, SNS의 글 스타일, 컬러, 가치관, 행동의 기준 등을 일관성 있게 반복함으로써 '당신다움'을 구축해야 한다.

셋째, 자기 기준을 '선명하게' 보여줘라.

오늘날 사람들은 스펙보다 '기준이 분명한 사람'을 더 신뢰한다. 당신을 믿을 만한 사람으로 만드는 것은 연봉이 아니라, 무엇을 선택하고, 어디에 머무르며, 어떤 방향으로 나아가느냐에 달렸다. 그 기준을 선명하게 전달했을 때, 사람들은 당신의 존재감을 느끼게 될 것이다.

사티아 나델라는 마이크로소프트사의 CEO가 된 후 '공감'이라는 단어를 반복해왔다. 기술 중심이던 조직을 사람 중심, 공감 중심으로 전환한 그의 경영 전략은 성공적이었다. 그의 철학은 리더십 스타일, 그리고 의사 결정 방식에 고스란히 반영되면서 존재감을 키워나갔다. 그는 계속해서 공감을 말했고, 공감으로 회사를 변화시켰으며 결과적으로 시장의 가치 평가까지 바꾸어버렸다. 그 과정에서 나델라라는 이름의 존재감도 함께 커졌다.

존재감은 이렇게 만들어진다. 당신이 믿는 것을 분명히 말하고, 그 믿음을 매일의 행동으로 증명하는 것. 그때야 비로소, 당신의 이름은 부와 기회를 끌어당기는 자산이 된다.

최종 승자는
'기억되는 사람'

사람들은 말한다. "돈은 쓸수록 줄고, 시간은 갈수록 아깝다"고. 하지만 부자들은 정반대로 이렇게 말한다. "돈과 시간은 흘러야만 영향력이라는 자산을 만든다."

영향력은 왜 시간이 지날수록 커질까? 이유는 명확하다. 은행에 맡겨둔 돈에 이자가 붙듯이 신뢰를 기반으로 한 영향력 있는 사람의 말과 행동은 '신뢰 이자'를 생성하기 때문이다. 어제의 태도가 오늘의 신뢰가 되고, 1년의 일관성이 10년의 브랜드를 만든다. 갈수록 눈덩이처럼 불어나는 자산, 그것이 바로 영향력이다.

어떤 사람이 1년 동안 일관된 태도로 사람들에게 긍정적인 영향을 주었다고 했을 때 그 가치를 1이라고 가정하자. 이 사람이 3년, 5년, 10년 동안 한결같은 말투와 행동, 메시지로 세상과 관계를 맺는다면 어떻게 될까? 어느 순간 그의 말 한마디에 시장이 움직이고, 콘텐츠 하나에 수십만 명이 반응하는 '브랜드형 인간'으로 자리 잡는 것은 놀라운 일이 아니다. 영향력은 복리 구조로 축적되기 때문이다.

그래서 부자들은 다른 자산은 다 매각하더라도 영향력만큼은 절대 놓치지 않는다는 속설이 있다. 시간이 갈수록 가치가 커지는 자산이라는 사실을 알기 때문이다. 실제로 유튜버에게 수익을 만들어주는 것은 콘텐츠 자체가 아니다. 그 채널을 '믿고' 방문하는 사람들의 기대감이다. 평범한 투자자는 돈을 굴리지만, 진짜 부자는 신뢰와 영향력에 투자한다.

영향력은 타인의 선택을 움직이는 힘이고, 반복된 선택은 '부의 흐름'을 만든다. 그래서 부자들은 평판을 설계하고 영향력을 기획한다. 바야흐로 '기억되는 사람'이 승자가 되는 시대다. 이는 신뢰감, 호감, 기대감을 심어주는 사람이 시장을 주도한다는 뜻이다.

"그 사람이라면 괜찮아."

"그 사람이 만든 거니까 믿고 사."

"그 사람의 강연은 반드시 들어야 해."

"그 브랜드는 비싸도 사고 싶어. 그 사람이 쓰니까."

실제로 우리가 일상생활에서 많이 듣는 말들이다. 따라서 지금 당신은 스스로에게 물어야 한다. "나는 기억될 만한 사람인가? 내 말과 태도는 시간이 지나며 신뢰를 만들어내는가?"

지금 당신에게 필요한 것은 '잠재 가치'를 영향력으로 설계하는 것이다. 다만, 성급한 접근은 금물이다. 영향력을 구축하는 데는 시간이 필요하다. 따라서 오늘 당신이 올린 글 하나, 대화의 톤, 행동 양식, 관계 맺는 방식이 3년 후에도 유효할 수 있어야 한다. 5년 뒤에도 신뢰받을 수 있어야 한다.

영향력을 가진 사람은 인내심을 갖고 기다릴 줄 아는 사람이다. 자기 자신을 믿고 장기적인 안목으로 신뢰를 쌓는 사람이다. 이것이 가능한 이유는 오늘의 작은 행동이 먼 미래의 자산이 된다는 사실을 알고 있기 때문이다.

지금 당신이 올리는 한 줄의 글, 당신이 선택하는 말투, 당신이 관계를 맺는 방식, 반복되는 태도와 철학의 결, 그 모든 것이 미래에 강력한 '무형의 부富'가 되어 돌아오리라는 믿음이 필요하다. 시간을 견디는 사람만이 '기억되는 사람'이라는 최종 승자의 자리를 확보할 수 있다.

'나'라는 브랜드로 살아남기

갑자기 생긴 돈은 부富가 아니다. 진짜 부란 시간이 지나도 무너지지 않는 구조를 가진, 즉 지속 가능성을 확보한 자산을 의미한다. 오늘 당장 몇천만 원의 수익을 올릴 수 있지만, 이를 지속할 구조가 구축되어 있지 않다면, 그 돈은 소득이지 자산이 아니다. 그렇다면 우리는 다음과 같은 질문을 던져야 한다. "지금 내가 가진 자산은, 시간의 시험을 견딜 수 있는가?"

당장 현금이 없어도 사람들과의 네트워크, 브랜드에 대한 변함없는 신뢰, 그리고 '그 사람이라면 된다'는 평판을 보유하고 있다면 그 사람은 자산가라고 할 수 있다. 시간이 흐를수록 더 커지는 부의 기반이 있기 때문이다. 부는 '일회성 거래'가 아니라 '반복 가능한 구조'에서 나오며 오늘날 이를 만드는 핵심 요소는 바로 '연결'이다. 연결은 SNS와 네트워크 전략을 통해 설계되고, 그 위에 '브랜드'가 세워지면서 비로소 자산화가 시작된다.

오늘날은 연결이 곧 자산이 되는 시대다. 많은 사람은 SNS를 '홍보'의 채널로 사용하지만, 부자와 리더들은 '관계 자산을 설계하는 도구'로 활용한다. 그들이 중요하게 여기는 건 팔로워 수가 아니라, '연결의 질'이다. '내가 누구를 아는가'보다 '누가 나를 기억하는가'가 더 중요해진 사회라는 걸 알기 때문이다.

팔로워 수는 수십만에 이르지만 소통이 부족하다면 그 계정은 그저 '디지털 명함'에 불과하다. 반면 소규모라도 진정성 있는 관계 위에서 신뢰를 쌓고 있다면 언제든 경제적 기회로 전환될 가능성이 크다. SNS는 그 자체로 콘텐츠 플랫폼이자 관계 자산 관리 시스템이다. 잘 설계된 SNS는 단지 홍보 수단이 아니라, 자신의 태도, 철학, 전문성, 인간적 결을 보여주는 공간이다. 따라서 "누구와 연결되어 있는가?" "어떤 주제로 지속적인 반응을 얻고 있는가?" "그 연결이 실제 어떤 경제적 신뢰로 전환되고 있는가?" 같은 질문을 통해 연결의 질을 생각해보아야 한다.

연결의 중요성을 간파하고 영리하게 활용한 기업인으로 게리 바이너척Gary Vaynerchuk을 꼽을 수 있다. 그는 평범한 와인 매장을 운영하던 시절부터 'X(트위터)'와 유튜브를 통해 고객들과 직접 대화를 나누었고, 그 과정에서 대중에게 '진심으로 대화하는 사람' '진정성 있는 마케터'라는 인식을 심어주었다. '게리'라는 이름에 사람, 대화, 실천, 진정성이라는 브랜드 이미지가 생긴 것이다.

'X(트위터)'와 유튜브 채널을 통해 그의 존재는 '브랜드형 플랫폼'이 되었고, 이후 수백 개의 기업 자문, 투자, 스피치 요청이 몰리며 소규모 소매업자였던 그를 수천억대 브랜드 자산가로 만들었다. 그는 이렇게 말한다. "당신의 SNS는 포트폴리오가 아니다. 살아 있는 대화 채널이다. 연결이 없다면, 그건 그냥 공허한 자기소개서다."

연결이 지속되고 신뢰가 쌓이면 이름은 브랜드가 된다. 브랜드는 그 자체로 부를 축적하는 구조가 된다. 당신의 연결이 곧 브랜드를 만들고, 브랜드가 곧 자산이 되는 순간을 상상해보라. 그리고 자문해보라. 당신이라는 브랜드는 '팔리는 구조'를 확보하고 있는가?

진짜 부자들은 자기 이름을 건 브랜드 시스템을 구축하는 데 많은 노력을 기울인다. 이름 자체가 신뢰이자 콘텐츠고, 이를 기반으로 시장이 움직인다는 걸 알기 때문이다. 대표적 사례가 바로 미국 방송인 킴 카다시안이다. 이슈 메이커로 이름을 알린 그녀는 지속적으로 본인의 이미지를 관리했다. 자기 스타일, 언어, 태도, 메시지를 반복적으로 제시하면서 ‘럭셔리, 리얼리티, 자기관리’라는 키워드로 스스로를 브랜딩했다.

럭셔리하지만 현실적이며 당당하고 주체적인 여성이라는 이미지는 자산이 되었고 이를 기반으로 화장품 브랜드, 패션, 앱, TV쇼, 강연 등으로 영역을 확장했다. 그 결과 오늘날 ‘킴 카다시안’이라는 이름은 미디어이자, 상품이고, 기업이며, 수백만 팔로워를 움직이는 경제 생태계가 되었다.

브랜드가 자산이 되는 과정은 다음의 공식을 따른다. 우선 ‘연결’이 있어야 한다. 연결은 ‘나를 기억하는 사람’을 만드는 작업이다. 그다음은 ‘반복’이다. 반복되는 말투, 메시지, 가치관, 콘텐츠 스타일은 나만의 시그니처가 된다. 그다음은 ‘신뢰’다. 연결이 반복되고, 일관성을 가지면 ‘저 사람은 믿을 만하다’는 인식이 생긴다. 그리고 이 신뢰가 ‘영향력’으로 확장된다. 한 사람의 이름이 콘텐츠, 상품, 제안의 중심이 되고, 여기에 시장이 반응하면서 영향력의 자산화가 시작된다. 자산화는 ‘수익’ 창출로 이어진다. 이 흐름이 멈추지 않고 순환한다면 영향력은 지속 가능한 자산이 된다.

이러한 성공 사례는 유명인만의 이야기가 아니다. 개인도 자기 브랜드를 만들고 영향력이라는 자산을 구축할 수 있다. 방법은 다음과 같다.

먼저 '나만의 키워드'를 정의하라. 내가 어떤 사람인지, 어떤 가치를 전달하는지 두세 개의 단어로 압축해보자. 그런 다음 SNS를 통해 그 키워드가 반영된 콘텐츠를 지속적으로 노출하라. 이때 스타일, 말투, 주제, 시각적 요소 등을 통일성 있게 구성해야 한다.

다음은 '관계 확장'이다. 댓글, DM, 오프라인 네트워크, 모임 등으로 타인과의 접점을 늘리되, 얕은 노출이 아닌 깊은 연결을 지향하라.

마지막 단계로, 자기 이름을 걸고 '콘텐츠 프로젝트'를 기획하라. ○○의 생각, ○○의 하루, ○○클래스 같은 콘텐츠는 당신을 하나의 브랜드로 각인되게 한다. 반복되는 메시지와 연결, 그리고 작지만 꾸준한 실행이 핵심이다.

브랜드 자산화는 '내가 한 일을 기억하게 만드는 구조'를 설계하는 것이다. 이는 일회성 활동이 아니라 누적되는 가치로 매일 조금씩 반복되는 언어, 태도, 행동을 통해 이루어진다. 그동안 당신이 '살아온 태도'가 사람들을 움직이는 신뢰의 기반이 된다.

지금 당신이 만드는 콘텐츠, 대화, 연결, 반복, 그리고 태도를 기억하라. 그 모든 것이 당신이라는 브랜드의 가치를 결정한다. 브랜드는 당신 삶의 방식이며, 영향력은 당신이 맺는 관계의 확장이다. '부'는 이 모든 것을 끈기 있게 설계한 사람에게 돌아간다. 부자들은 자기 브랜드를 허투루 다루지 않는다. 그들은 SNS 계정을 통장처럼 관리하며, 그 안에 진심을 담는다. 자기 브랜드를 '보여주기'가 아닌 '쌓아가기' 식으로 만들어간다.

오늘날 브랜드는 유명인이나 대기업의 전유물이 아니다. 당신의 이름이 브랜드가 되고, 그 브랜드가 자산이 되는 시대다. 지금 당신이 쓰는 글, 연결하는 사람, 반복되는 메시지, 그 모든 것이 시간이 지나면 미래 자산의 정수가 된다. 그 여정은 연결에서 시작한다는 사실을 기억하자.

13

브랜드 파워 만들기

돈을 많이 버는 사람과 부를 오래 유지하는 사람은 다르다. 전자는 기회를 잡는 데 능하고, 후자는 신뢰를 설계하는 데 능하다. 기회는 순간이지만 신뢰는 구조다. 그리고 그 신뢰가 오랜 시간 축적되었을 때 사람들은 비로소 그것을 '평판'이라 부른다. ●

돈을 불러내는
평판이란 이름의
파워

신뢰는 눈에 보이지 않지만 오래가는 자산이다. 평판은 그 사람의 시간이 증명한 태도와 선택의 총합이다. 어떤 이름은 들리는 순간 마음이 열리고, 어떤 이름은 들리는 순간 지갑이 열린다. 그 이름에 '시간이 입증한 신뢰의 무게'가 스며 있기 때문이다.

브랜드에 믿음이 더해지는 순간 그것은 팔리는 존재가 아니라 '찾는 존재'로 바뀐다. 사람들은 이렇게 말한다. "그 사람이 만든 거야? 그럼 괜찮아." 이처럼 평판은 선택의 기준을 바꾸고, 결국 돈의 흐름을 이동시키는 힘이 된다.

브랜드의 가치는 품격이 결정한다. 그 이름이 가진 무게, 결,

울림, 메시지가 품격을 만들고, 그 품격은 돈을 부르는 자산으로 확장된다. 그래서 오늘날의 수많은 리더들은 말보다 신뢰, 실력보다 태도, 브랜드보다 사람을 앞세우며 '신뢰 기반 브랜딩'을 최우선 전략으로 삼는다.

사티아 나델라가 그 대표적 사례다. 그는 마이크로소프트사 CEO로 취임한 뒤 '공감'이라는 키워드를 경영의 핵심으로 삼았다. 기존의 폐쇄적이고 경쟁 중심 문화를 허물고 '사람 중심' '유연한 리더십' '겸손한 혁신'을 이야기했다. 그 결과, 직원과 투자자의 신뢰가 회복되면서 조직 전체가 제품을 넘어 철학에 투자하는 기업으로 재평가되었다. 그는 자신의 리더십을 '에고가 아닌 공감'으로 설명했고, 그 메시지는 곧 마이크로소프트 제품에 고스란히 반영되었다. 주가가 10배 이상 상승한 것은 그 신뢰의 구조가 경제적 가치를 증명한 결과다.

전 세계 여성이 사랑하는 기능성 속옷 브랜드 '스팽스Spanx'의 창업자인 사라 블레이클리 역시 마찬가지다. 5,000달러로 사업을 시작한 그녀는 처음부터 제품 판매에 열을 올리지 않았다. SNS를 통해 자신의 실패와 좌절, 극복담을 진솔하게 털어놓았다. 백화점 구매 담당자 앞에서 직접 제품을 착용하는 등 적극성을 보이며 매순간 "여성의 삶을 더 편안하게 만들고 싶다"는 메시지를 반복적으로 전달했다. 사람들은 제품보다 먼저 그녀의 이야기와 진심을 알게 되었고, 깊이 공감했다. 공감은 신뢰를 불러왔고 그 신뢰는 브랜드 매출을 폭발적으로 끌어올렸다. 결국 보이지 않던 신뢰 자산이 한순간 '경제적 결과'로 전환된 것이다.

오늘날 우리는 '신뢰가 화폐가 되는 시대'에 살고 있다. 좋은 서비스보다 신뢰할 수 있는 브랜드를 선택하고, 낯선 전문가보다 평판이 좋은 사람을 찾는다. 사람들은 '무엇을 하는가'만 보지 않는다. 누가 하는지, 그 사람은 어떤 사람인지를 먼저 본다. 즉 이름값이 곧 신뢰이고, 그 신뢰는 곧 돈이 흐르는 방향을 바꾼다. 어떤 이름은 단순히 떠올려지는 데 그치지만, 어떤 이름은 돈을 끌어당긴다. 이에 맞추어 마케팅도 단순 홍보에서 평판 관리로 그 초점이 바뀌고 있다.

아날로그 감성의 브랜딩을 고수해온 조만호 무신사 창립자 역시 '평판 기반 브랜딩'을 정확히 이해한 사람이다. 패션 커뮤니티로 시작한 무신사는 '브랜드와 소비자 사이를 신뢰로 연결하는 미디어 플랫폼'을 경영 철학으로 삼았고, 이후 브랜드 선별기준, 콘텐츠 스타일, 고객과의 피드백 구축·운영 등 모든 부분에서 일관된 원칙을 지켜왔다. 그 결과 Z세대와 MZ세대에게 '믿고 보는 브랜드 큐레이션 플랫폼'이라는 평판을 얻었고, 이는 무신사 성장의 핵심 동력이 되었다. 신뢰의 축적이 시장 가치로 전환된 대표적인 사례다. 평판이 마음을 움직이고, 선택으로 이어지며 결국 부를 불러온다. '평판 기반 자산화'로 요약할 수 있는 이러한 메커니즘은 오늘날 많은 기업의 경영 전략에 영향을 미치고 있다.

오늘의 평판이 내일의 수익을 결정한다. 사람들은 당신의 이력보다, 당신의 태도를 기억한다는 점을 잊지 말아야 한다. 사람들은 당신이 어떤 프로젝트를 했는지가 아니라, 그 프로젝트에서 보여준 당신의 태도와 방식을 더 오래 기억한다. 그 기억이 브랜드가 되고 그 브랜드가 곧 당신의 자산이 된다. 그러므로 지금부터 당신은 스스로에게 묻는 연습을 해야 한다.

"나는 어떤 이름으로 기억되고 있는가?"

가치를 남기는
'사람-ship'

어떤 사람은 결과를 남기고, 어떤 사람은 관계를 남기며, 또 어떤 사람은 깊은 인상을 남긴다. 가장 오래 기억되는 사람은, '가치를 남기는 사람'이다. 여기서 가치는 그 사람이 지닌 사람다움, 즉 '사람-ship People ship'에서 비롯된다.

사람들은 기준 있는 사람, 일관성 있는 사람, 존재의 결이 분명한 사람을 신뢰한다. 지식보다 배려, 과장보다 품격, 화려함보다 일관성이 더 깊은 인상을 남긴다. 사람은 '느낌'에 따라 움직이기 마련이다. 그리고 그 느낌은 말보다 분위기, 대화의 결 같은 보이지 않는 태도에 의해 결정된다.

글로벌 리더십 코치 마샤 레이놀즈Marcia Reynolds는 이를 반복해서 강조한다. "기억에 남는 리더는 카리스마보다 정서의 결이 안정적인 사람이다." 이들은 불안감을 주지 않고, 태도가 선명하며, 일관된 선택으로 신뢰를 주고 위기 상황에서도 원칙을 고수한다. 정서적 안정감이야말로 관계의 가치를 극대화하는 힘이다.

이러한 '사람십'을 가장 설득력 있게 보여준 사례로 '찰스 슈왑Charles Robert Schwab'을 꼽을 수 있다. 미국 증권업계에서 가장 신뢰받는 투자자로 평가받는 그는 성장과 수익보다 '고객 신뢰'를 최우선 가치로 삼았다. 수수료 경쟁과 단기 실적에 집착하던 시장에서 그는 고객의 입장에서 생각하고, 고객이 불안해하지 않는 선택을 일관되게 반복했다. 불필요한 복잡함을 줄이고 이해하기 쉬운 구조와 투명한 커뮤니케이션을 고수한 태도는 '믿고 돈을 맡길 수 있는 사람'이라는 평판으로 축적되었다.

찰스 슈왑이 만든 신뢰는 광고나 화려한 메시지에서 비롯된 것이 아니라, 일관된 기준과 절제된 선택, 고객을 대하는 태도의 결에서 형성되었다. 그 결과 그의 이름은 하나의 금융 브랜드가 되었고, 신뢰라는 무형의 자산은 기업의 지속적 성장으로 이어졌다. 이 사례는 분명히 보여준다. 사람십은 단순한 호감의 문제가 아니라 신뢰가 축적되는 구조이며, 그 구조가 완성될 때 사람의 이름은 자산이자 브랜드가 된다.

또 다른 사례는 '가장 인간적인 경영자'로 불리는 아리아나 허 핑턴Arianna Huffington이다. 미디어 기업 허핑턴포스트의 창립자 인 그녀는 '사람답게 일하고, 사람답게 쉬자'는 메시지로 대중의 관심을 모았다. 이러한 철학은 허핑턴포스트를 평범한 온라인 저널이 아닌 '삶의 태도를 보여주는 브랜드'로 자리 잡게 했다.

그녀가 전한 회복과 여유의 메시지는 '인간성 존중'이라는 가 치를 널리 전파했다. 이는 많은 사람의 공감을 불러일으키면서 브랜드 가치를 상승시키는 결과를 낳았다. '사람다움'은 도덕적 차원에 머물지 않는다. 그것은 감정이 주목받는 오늘날 중요한 자산으로 인식된다.

거대한 조직의 리더만이 '사람십'을 구현하는 것은 아니다. 일 상의 현장에서 사람을 대하는 태도와 기준 역시 오래 기억되는 브랜드 자산이 된다.

그 예로, 김범준을 들 수 있다. 국내 대표 플랫폼 기업인 배달 의민족을 이끈 그는 성과를 앞세우는 리더라기보다, 사람을 대 하는 방식이 기억에 남는 경영자로 회자되어 왔다. 김범준의 리 더십은 강한 메시지나 카리스마보다 말의 톤, 질문의 방식, 회의 의 분위기처럼 작고 섬세한 태도에 집중되어 있었다. 구성원을 몰아붙이기보다 긴장을 낮추고, 지시하기보다 스스로 생각하게 만드는 환경을 택했다.

이러한 태도는 조직 안에서 '함께 일하고 싶은 사람', 밖에서는 '사람 냄새 나는 브랜드'라는 인식으로 축적되었다. 그가 남긴 것은 단기 성과보다 사람들의 기억 속에 오래 남는 신뢰의 감정이었다. '사람십'은 우리의 '기억' 속에 존재한다. 숫자로 계량화할 수 없지만 그 영향력은 매우 크며 강하게 작동한다. 말의 결, 행동의 여운, 대화의 톤앤매너, 그가 남기는 정서적 잔향 같은 섬세한 요소들이 모여 '그 사람은 참 괜찮아'라는 인식을 만들고 이는 하나의 브랜드로 전환되고 자산으로 축적된다. 당신이 오늘 어떤 태도로 말했는지, 어떤 기준으로 선택했는지, 사람들을 어떻게 배려했는지가 중요하다는 뜻이다. 그렇기에 우리는 늘 질문해야 한다. "나는 어떤 사람으로 기억되고 있는가?" 그 답에 따라 당신의 미래가 바뀐다.

자기를 브랜드화하는 데 성공한 사람들은 다음과 같은 특징이 있다. 이를 참고하여 오늘부터 '사람십' 관리에 들어가자.

사람십을 브랜드로 만드는 다섯 가지 기준

첫째, 이들은 말투, 선택, 관계, 스타일에서 일관된 메시지를 보낸다. 사람들은 그를 한 단어로 요약할 수 있다. 그 한 단어가 반복될수록, 그는 설명이 필요 없는 브랜드가 된다.

둘째, 행동보다 원칙이 먼저다. 그들은 무엇을 하느냐보다 '왜 그렇게 하는지'를 먼저 보여준다. 평소의 말보다 위기 앞에서 보여주는 선택이 사람들에게 깊은 신뢰로 남는다.

셋째, 말의 무게를 안다. 그래서 일시적인 기분에 휘둘려 즉흥적으로 말하지 않는다. 말이 곧 평판이 되고, 평판이 자산이 된다는 사실을 알고 있기 때문이다.

넷째, '정서적 여운'을 남긴다. 그와 함께한 시간은 결과보다 특별한 '느낌'이 먼저 떠오른다. 함께 있었던 공간, 대화, 표정까지 하나의 브랜드 경험처럼 기억에 남는다.

다섯째, 연결을 만든다. 그들은 사람들과 감정적으로 연결되고, 그 연결은 "그 사람이면 괜찮아"라는 확신으로 이어진다. 확신은 곧 믿음이 되고 믿음은 기회로 찾아온다.

인격이라는
확실한 자산

한 사람의 인격이 만들어낸 브랜드는 시장에서 돈보다 강한 자산이 된다. 말보다 태도, 결과보다 결, 메시지보다 맥락이 '선택의 기준'이 된다. 그리고 이 기준은 시간의 검증을 거쳐 결국 '신뢰'라는 이름으로 자리 잡는다.

'인격의 자산화'를 가장 잘 보여주는 인물이 바로 버진그룹의 리처드 브랜슨이다. 그의 이력은 16세 때 만든 학교 신문에서 출발한다. 20대 초반에는 음반 레이블 '버진 레코드'를 창업했고, 이후 항공사(버진 애틀랜틱), 철도, 통신, 우주 사업(버진 갤럭틱) 등에 연이어 뛰어들면서 버진Virgin이라는 브랜드를 전 세계에 각인시켰다.

브랜슨의 파워는 모든 사업에 관통되는 '사람 중심의 가치관'에서 비롯한다. 그는 '사람을 끌어당기는 방식'으로 부를 만든 인물이다. 비즈니스 세계에서 보기 드문, 따뜻함과 유쾌함의 소유자로, 이는 사람들에게 깊은 인상을 심어주었다. 직원의 삶을 먼저 고려하고, 프로젝트의 실패조차 유머로 승화시킨 태도, 그리고 사람 중심의 사고방식은 사람들에게 '브랜슨이라는 이름의 정서적 울림'을 남겼다.

그는 실패를 두려워하지 않았지만 단 하나, 신뢰를 잃는 일만큼은 피해야 한다고 믿었다. 그래서 직원의 삶을 최우선으로 고려했고, 실수와 사고조차 유머와 배려로 감싸 안았다. 그의 이런 태도는 복지를 넘어 하나의 철학이 되었고, 직원이 존중받는다는 감각은 고객의 경험에 투영되며 브랜드 충성도로 이어졌다.

브랜슨의 기업들이 사업을 계속 확장할 수 있었던 것은 그의 인격이 만든 신뢰 구조 덕분이었다. 사람들은 그의 기업을 선택할 때 재무제표보다 '브랜슨이 세운 회사라면 믿을 수 있다'는 내면적 기준으로 판단했다. 그 결과 그는 신뢰·원칙·책임감이라는 보이지 않는 자산으로 시장에서 승리했다. '리처드 브랜슨'이라는 이름은 지금도 새로운 프로젝트에서 보증서처럼 작용한다.

이처럼 인격은 눈에 보이지 않지만, 가장 강력한 브랜딩 도구이자 자산이다. 그 힘은 존중 → 신뢰 → 평판 → 선택 → 수익 → 영향력 → 다시 존중으로 이어지는 선순환을 통해 지속적으로 부를 창출한다.

오늘도 우리는 수많은 브랜드와 사람을 만난다. 그리고 관계 속에서 나 역시 하나의 브랜드로 작용한다. 말의 온도, 반응의 속도, 선택의 기준, 피드백의 방식 등, 이 모든 것이 모여 인격의 결을 이룬다. 만약 내가 누군가에게 '다시 함께하고 싶은 사람'으로 기억된다면, 당신은 이미 성공에 근접한 셈이다. 왜냐하면 부는 결국 사람에게서 나오며, 오늘날 그 사람됨이 가장 확실한 자산이 되었기 때문이다.

브랜드를 유산으로 남겨라

이름만 들어도 마음을 움직이게 하는 사람이 있다. 시대가 바뀌고 기술이 진화하고 유행이 변해도 여전히 사람들 사이에서 회자되며 존재만으로도 신뢰를 주는 사람들, 그들은 어떻게 '시간'과 '시장'을 이기는 브랜딩에 성공했을까? ●

시대가 변해도
이름은
남는다

성공은 일시적이지만 유산은 지속된다. 누군가는 트렌드를 따라가고, 누군가는 트렌드를 만든다. 그리고 그중 소수만이 '시대의 기준'이 된다. 우리는 지금, 초당 수만 건의 콘텐츠가 쏟아지는 시대를 살고 있다. 팔리는 것보다 '보이는 것'이 먼저 평가되는 요즘 가장 빨리 사라지는 브랜드는 아이러니하게도 가장 빨리 뜬 브랜드다. 속도는 방향을 이기지 못한다. 진짜 살아남는 브랜드는 깊이 있는 사람, 깊이 있는 철학에서 나온다. 그들은 성공한 사람을 넘어 '살아 있는 유산Living Legacy'이 된다.

시대의 한계를 초월하며 지속 가능한 성장과 영향력을 이어가는 사람들에게는 공통점이 있다. 여기 대표적인 특징 세 가지를 소개한다.

첫째, 트렌드가 아닌 가치를 따른다.

그들은 세상의 흐름에 자신을 맞추려 하지 않는다. 오히려 자신이 믿는 가치를 중심에 두고 새로운 흐름을 만든다. 오프라 윈프리를 보자. 그녀는 방송이라는 수단을 통해 '진심의 언어로 세상을 치유한 사람'이다. "나의 사명은 사람들에게 그들 삶의 목적을 일깨우는 것"이라며, 전통적인 엔터테인먼트의 트렌드에 갇히지 않고 '치유'와 '회복' '영감'이라는 키워드로 자신만의 브랜드를 구축했다. 그녀가 남긴 것은 프로그램이 아니라, 사람을 대하는 태도와 삶을 바라보는 관점이었다.

둘째, 말보다 '일관된 삶'으로 증명한다.

브랜드의 진정성은 결국 시간을 통과한 삶이 증명한다. 테드TED의 유명 강사였던 심리학자 브레네 브라운은 '취약성vulnerability의 힘'을 강조한다. 취약함이 약점이 아니라 진정한 용기의 출발점이라는 그녀의 주장은 일회성에 그치지 않았다. 수많은 강연과 책에서 한결같이 '진정성'과 '불완전함의 용기'를 강조해왔다. 이러한 모습에 많은 독자가 호응하면서 베스트셀러 작가이자 유명 컨설턴트가 되었다. 자신의 불완전함을 솔직히 드러내며, 일관성 있는 메시지로 사람들의 공감을 끌어냈고, 결국 그녀의 이름을 하나의 브랜드로 만들었다.

셋째, 성장보다 '확장'에 집중한다.

이들에게 진짜 성공은 나 혼자 잘되는 것이 아니었다. 자신이 만든 가치를 공유하고 다른 사람의 성장을 돕는 플랫폼이 목표였다. 리처드 브랜슨은 버진virgin이라는 브랜드를 통해 음악, 항공, 여행, 우주에 이르기까지 수많은 도전을 시도했다. 그 중심에는 다음과 같은 철학이 있었다. "내가 미친 아이디어를 내놓을 때, 사람들이 기꺼이 동참할 수 있도록 환경을 만들어라." 그는 브랜드 개발을 넘어 사람들이 그 안에서 '함께 성장할 수 있는 생태계'를 원했던 것이다.

시대가 바뀌면 기술은 진화하고 시장은 변화한다. 하지만 신뢰할 사람을 찾고자 하는 욕망만큼은 변하지 않는다. 이를 충족시켜주는 브랜드가 살아남는다. 그리고 그것은 화려한 광고가 아닌 일관된 삶과 흔들리지 않는 가치, 확장 가능한 철학 위에서 탄생한다.

성공을
부르는
브랜딩 공식

"나는 앞으로 어떤 사람으로 기억될까?" "내 이름만으로도 신뢰를 줄 수 있을까?" 보이지 않으면 잊히고, 잊히면 선택되지 않는 시대에 누구나 한 번쯤은 스스로에게 던져보는 질문이다.

'개인의 시대'로 불리는 요즘, 지속 가능한 브랜드 설계가 중요한 과제가 되었다. 이는 기업에만 해당하는 상황이 아니다. 개인 역시 하나의 브랜드로 인식되는 시대에 살고 있기 때문이다. 그렇다면 어떤 노력을 기울여야 하는가? 기업은 '지속적인 성장'을 위해 브랜드 전략을 세우고자 애쓴다. 잠깐 팔리고 마는 제품이 아니라, 시대를 초월해 기억될 수 있는 브랜드를 구축하는 게 목표다. 이제는 개인도 기업처럼 전략적 브랜딩이 필요하다. 자기 이름으로 된 자산을 설계하는 일, 그것이 오늘날 우리가 추구해야 할 브랜딩의 본질이다.

우리는 앞서 브랜드가 철학과 태도, 관계의 방식이 축적된 결과물이며, 시간이 지날수록 가치가 높아지는 무형의 자산임을 배웠다. 눈에 보이지 않지만 결국 '선택받는 존재'로 만들어주는 힘이란 뜻이다. 기업이 단기 매출보다 장기 생존을 고려하듯, 우리 역시 오래 기억되는 사람으로 살아남기 위해 지속 가능한 존재감을 구축하는 데 투자해야 한다.

제품에는 유통기한이 있다. 브랜드는 어떤가? 지식이나 외모, 기술력은 시대가 바뀌면 경쟁력을 잃는다. 하지만 철학과 태도, 살아온 방식이 담긴 브랜드는 시간이 흐를수록 더 깊은 신뢰를 얻고, 경제적 가치를 높여나간다. 그렇다면 100년을 가는 브랜드는 무엇이 다를까? 여러 요인이 있겠으나, 궁극적으로는 다음 세 가지로 요약할 수 있다.

첫째는 자기 서사story다.

강력한 브랜드에는 서사가 있다. 이는 단순한 에피소드가 아니다. "왜 이 일을 하는가, 무엇을 위해 이 가치를 지키려 하는가" 등을 보여주는 특별한 이야기다. 예컨대 사티아 나델라는 마이크로소프트의 CEO가 된 이후 회사의 비전을 "더 많은 사람이 더 많은 것을 성취하도록 돕는 것"으로 재정의했다. 그리고 여기에 장애가 있는 자녀를 둔 아버지라는 서사는 그의 '공감과 포용'이라는 메시지에 진정성을 더했다. 사람들은 그의 말에 큰 감동을 느꼈으며 그의 삶이 반영된 포용과 확장의 철학은 개인 차원을 넘어 브랜드의 방향성과 정체성을 구축하는 강력한 스토리텔링이 되었다.

둘째는 태도attitude다.

당신의 태도는 브랜드의 '톤'을 결정짓는다. 말보다 태도의 뉘앙스가 신뢰를 결정한다. 정제된 말투, 절제된 표정, 일관된 대응 방식, 위기 앞에서의 품위까지 이 모든 비언어적 태도들이 쌓여 '말하지 않아도 각인되는 브랜드'를 만든다.

버락 오바마가 시대의 리더로 기억되는 이유 역시 여기에 있다. 그는 유머와 공감, 감동적인 연설로 진정성을 가진 지도자의 상징이 되었다. 그는 정책 이전에 '어떤 태도로 사람을 대해야 하는가'에 대해 고민했다. 대중은 그의 태도에서 신뢰를 느꼈고, 이는 곧 브랜드가 되었다. 그가 구축한 브랜드는 철학 그 자체였다.

셋째는 증명Proof이다.

반복되는 증거가 신뢰를 만든다. 말은 누구나 흉내 낼 수 있지만 삶은 흉내 낼 수 없다. 일관되게 말하고, 꾸준히 행동하고, 묵묵히 결과를 축적한 사람이 신뢰라는 이름의 브랜딩 자산을 얻는다.

무인양품MUJI은 수십 년간 '이름 없는 브랜드'라는 철학을 지켜왔다. 화려한 로고나 브랜드 대신 제품 자체에 집중한 것이다. 그들은 '본질·절제·단순·기능'의 철학을 상품, 공간, 캠페인 전반에 일관되게 녹여냈다. 결국 미니멀리즘을 실현한 대표적 브랜드로 자리 잡았다. 여기에는 오랜 시간 유지해온 일관된 메시지와 철학이 큰 역할을 했다. 개인도 마찬가지다. 지금 당신이 반복하고 유지하는 것이, 당신의 브랜드를 형성한다.

브랜드란 결국 시간 위에 쌓인 '일관된 증거의 총합'이다. 이 총합이 신뢰로 이어지고 가치를 담는 자산이 된다. 성공하는 브랜드는 돈을 좇지 않는다. 가치를 중심으로 신뢰를 구축하고, 그 신뢰가 선택을 부르며, 선택은 수익으로 연결된다. 이것이 바로 '돈을 부르는 브랜딩 공식'이다. 당신의 이름이 브랜드가 되었을 때, 그 이름이 담고 있는 철학과 태도, 그리고 증명의 기록이 시장에서 신뢰로 작동할 때, 비로소 이름은 돈을 부르는 자산이 된다.

가치를 품은
브랜드가
성공을 쟁취한다

사람은 언젠가는 인생이라는 무대에서 퇴장한다. 그러나 이름은 남는다. 그 이름이 어떻게 기억되느냐는 그 사람이 살아온 태도와 선택, 그리고 축적된 관계가 결정한다. 시간이 흘러도 남는 이름들이 있다. 그 이름의 주인은 떠났지만, 그의 철학과 메시지는 계속 남아 시장에서 회자된다. 그것이 바로 레거시 브랜딩 Legacy Branding이다. 브랜드의 목적은 살아남는 것이 아니라 삶의 방식과 가치로 기억되는 것이다.

이 책 전반에 걸쳐, 이미지는 자산이 되는 시대에 '보이는 것'이 단순한 외형 꾸미기에 머물러선 안 된다는 점을 끊임없이 강조해왔다. 마지막으로 던지고 싶은 질문은 이것이다. "당신이 사라진 후에도, 당신의 이름은 선택받을 수 있는가?"

진정한 브랜드는 물리적·생물학적인 한계를 초월한다. 이러한 브랜드가 되려면 '잘 보이기 위한 전략'을 넘어, '계속 남기 위한 철학'을 설계해야 한다. 레거시 브랜딩은 유명해지려는 욕망의 산물이 아니다. 철학과 메시지를 콘텐츠 자산으로 설계하고, 시대에 맞춰 진화시키는 일이다.

이러한 전략은 개인에게도 똑같이 적용된다. 콘텐츠 한 편, 말 한마디, 강의 하나, 프로젝트 하나에 이르기까지, 모두 나의 '철학'과 존재 방식을 반영해야 한다. 이것이 곧 개인 브랜딩의 핵심이자 지속 가능한 영향력의 출발점이다.

결국 살아남는 이름, 결국 인정받는 메시지, 결국 돈이 되는 신뢰…. 이처럼 '결국'이라는 단어에는 시간의 누적과 선택의 결과라는 의미가 담겨 있다. 시간의 시험을 극복해 탄생한 콘텐츠와 메시지는 수많은 사람의 기억 속에 공유되며 살아 있는 유산이 된다.

콘텐츠는 '한 편의 기록'이 아닌 '하나의 자산'으로 취급해야 한다. 내가 만든 콘텐츠가 재해석되고, 유통되고, 확장되고, 협업의 대상이 되고, 전파되어 다음 세대의 기준이 될 수 있는 구조를 만들어야 한다. 더 나아가 내 이름이 하나의 플랫폼이 되고, 내 생각이 하나의 브랜드 언어가 되며, 나의 철학이 하나의 경제시스템이 되는 구조, 이것이 바로 '브랜디드 휴먼Branded Human'의 본질이자 핵심이다. 그리고 이 구조가 시간 위에 반복되고 축적될 때, 비로소 브랜딩은 개인의 전략을 넘어 레거시 영역으로 진입한다.

레거시 브랜딩은 단기적인 유행이나 트렌드를 좇지 않는다. 가치, 철학, 삶의 방식이 시간 위에 축적되어 남겨지는 브랜드이기 때문이다. '기억되고, 계승되며, 남겨지는 것', 그것이 바로 우리가 추구하는 브랜딩의 목표다.

코코 샤넬은 일찍이 "패션은 변하지만, 스타일은 남는다"고 말했다. 그녀는 옷을 판 것이 아니라 '자유와 절제의 철학'을 전파한 것이다. 이러한 철학은 100년이 지난 지금도 샤넬이라는 이름에 생명력을 부여하고 있다. 스티브 잡스 역시 마찬가지다. 그는 단지 혁신적인 IT 제품을 만든 것이 아니다. '세상을 다르게 보는 관점'을 사람들에게 각인시켰고, 그 관점은 지금도 애플이라는 브랜드를 움직이는 동력이 되고 있다.

레거시 브랜딩은 결국 '무엇을 남길 것인가'에 대한 질문에서 시작된다. 제품은 사라지지만 당신의 선택, 세상을 바라보는 눈, 지켜온 가치는 남는다. 이런 브랜드는 '살아 있는 질문'이자 '시대를 통과하는 문장'이 된다.

"당신이 남기고 싶은 철학은 무엇인가?" "당신의 이름이 다음 세대에게 어떤 울림이 될 수 있는가?" 레거시 브랜딩은 바로 이 질문에 답하는 과정이기도 하다. 그 누구도 완벽한 인생을 살아내지는 못하지만 자기 삶의 이유를 설명할 수 있는 사람은 있다. 그리고 그 이유는 어느 순간 브랜드가 되어, 누군가에게 방향을 제시한다.

미래형 브랜딩은 더는 상품을 파는 일이 아니다. 콘텐츠가 유산이 되고, 철학이 자산이 되는 구조, '보이는 것'이 '살아남는 것'으로 진화하는 여정이다. 당신의 삶이 콘텐츠가 되고, 당신의 질문이 철학이 되며, 당신의 하루가 브랜딩의 서사를 이룬다. 이름은 사라져도 의미는 살아남는다. 그 순간, 당신은 단지 성공한 사람이 아니라, 한 시대를 정의한 사람이 된다.

브랜드란 결국, 삶에 대한 태도이며, 시대에 던지는 질문이다.

"나는 왜 이 길을 걸었는가?"
"나의 이름은 어떤 가치를 향해 있었는가?"

니체는 말했다. "인간은 스스로를 넘어서는 존재가 되어야 한다." 결국 브랜드란 누가 만들어주는 것이 아니다. 자기 삶을 통찰하고 선택하고 설계했을 때 얻어지는 결과물이다. 당신은 '팔리는 사람'에 머물러서는 안 된다. '선택되는 사람', 나아가 다음 세대를 움직이는 기준이 되는 사람으로 존재해야 한다. 그것이 바로 돈을 부르는 '브랜디드 휴먼'의 궁극적 목표이자 레거시 브랜딩이 말하는 최종 지향점이다.

당신의 하루가 축적되어 철학이 되고, 그 철학이 콘텐츠가 되며, 그 콘텐츠가 다시 사람들의 선택 기준이 된다면, 당신은 영원히 사라지지 않는, 세대를 연결하고 가치를 계승하는 브랜드가 될 것이다. 브랜드는 결국 철학의 궤적이다. 시간 위에 반복된 태도, 증명된 가치, 그리고 질문에 답하려는 끊임없는 사유, 이 모든 것이 당신의 이름 안에 설계되는 것이다.

'보이는 것이 돈이 된다.' 이 말의 진짜 의미는, 가치 있는 삶 속의 이름은 결국 시장에서 살아남는다는 증명이다. 니체는 인간이 스스로 삶의 의미를 만들고, 자신만의 가치로 세상을 재정의하는 존재가 되어야 한다고 했다. 그는 '위버멘쉬Übermensch' 개념을 통해, 남이 만들어준 기준이 아닌, 자기 신념에 따라 살아가는 주체적 인간을 상상했다. 브랜딩 또한 마찬가지다. 남이 붙인 이름을 소비하는 존재가 아니라 스스로 선택한 이름으로, 자신만의 철학을 말하고 실행하는 존재가 되는 것. 그것이 브랜드의 출발점이다. 그 이름이 누군가에게 방향이 되고, 질문이 되고, 시대를 움직이는 대답이 될 수 있다면, 당신은 이미 브랜드다. 브랜드는 유산이 되고, 유산은 다시 그 누군가의 삶을 움직이는 서사가 된다.

이제 보이는 것이 돈이 된다. 그리고 남겨지는 것은 결국 '당신의 철학이 담긴 이름'이다. 그 이름이 누군가의 방향이 된다면, 당신은 무엇을 남기고 싶은가?

이 책의 마지막에서 나는 더 이상 '어떻게 보일 것인가'를

말하지 않으려 합니다.

그보다 묻고 싶습니다.

당신은 어떤 태도로 살아왔는가.

그리고 그 태도는, 시간이 지나도 흔들리지 않을 만큼

단단했는가를.

우리는 모두 보이는 세계에 살고 있지만, 끝내 남는 것은

말의 기술도, 전략도 아닙니다.

반복된 선택과 태도, 그리고 관계 속에서 쌓인 신뢰입니다.

그래서 보이는 것은 출발점일 뿐,

목적지는 언제나 '남겨지는 것'에 있습니다.

이 책을 덮는 지금,

당신의 이름을 한번 떠올려보세요.

그 이름 앞에 어떤 단어가 따라붙기를 원하는지.

성공한 사람,

주목받는 사람,

혹은

신뢰할 수 있는 사람.

그 선택은

오늘의 행동에서 시작됩니다.

보이는 것으로 시작하되,

시간이 지나도 사라지지 않을 가치로 남기를,

당신의 이름이 누군가의 삶에서

신뢰라는 자산으로 작동하기를 진심으로 응원합니다.

윤혜경

보이는 것이 돈이 된다

초판 1쇄 발행	2026년 3월 16일
지은이	윤혜경
펴낸곳	(주)행성비
펴낸이	임태주
책임편집	이윤희
디자인	페이퍼컷 장상호
마케팅	배새나
출판등록번호	제2010-000208호
주소	경기도 김포시 김포한강10로 133번길 107, 710호
대표전화	031-8071-5913
팩스	0505-115-5917
이메일	hangseongb@naver.com
홈페이지	www.planetb.co.kr

ISBN 979-11-6471-309-7 03190

행성B는 독자 여러분의 참신한 기획 아이디어와 독창적인 원고를 기다리고 있습니다.
hangseongb@naver.com으로 보내 주시면 소중하게 검토하겠습니다.